INTRODUÇÃO À EDUCAÇÃO

introdução

elso Antunes

EDUCAÇÃO

PAULUS

Direção editorial
Claudiano Avelino dos Santos

Coordenação editorial
Jakson Ferreira de Alencar

Revisão
Caio Pereira

Projeto gráfico e capa
Walter Mazzuchelli

Produção editorial
AGWM produções editoriais

Impressão e acabamento
PAULUS

Dados Internacionais de Catalogação na Publicação (CIP)
(Câmara Brasileira do Livro, SP, Brasil)

Antunes, Celso, 1937-
Introdução à educação / Celso Antunes. — São Paulo: Paulus, 2014.
— Coleção Introduções.

Bibliografia.
ISBN 978-85-349-3815-0

1. Aprendizagem 2. Educação 3. Inteligências múltiplas
4. Pedagogia 5. Professores — Formação I. Título. II. Série.

13-13287   CDD-370

Índice para catálogo sistemático:
1. Educação   370

Seja um leitor preferencial **PAULUS**.
Cadastre-se e receba informações sobre nossos lançamentos
e nossas promoções: **paulus.com.br/cadastro**
Televendas: **(11) 3789-4000 / 0800 16 40 11**

1ª edição, 2014
1ª reimpressão, 2019

© PAULUS — 2014

Rua Francisco Cruz, 229 • 04117-091 — São Paulo (Brasil)
Tel.: (11) 5087-3700
paulus.com.br • editorial@paulus.com.br

ISBN 978-85-349-3815-0

Sumário

Apresentação
Por que e para quem .... » 7

I   O que é educação .... » 11

II   Educação, aprendizagens e princípios .... » 15

III   A educação brasileira agora: o peso do passado .... » 19

IV   A educação, a escola e as tensões .... » 23

V   Educação e pedagogia .... » 27

VI   A nova e a velha pedagogia .... » 31

VII   A nova e a velha pedagogia e os educadores marcantes .... » 35

VIII   A nova e a velha pedagogia e a contribuição de Darwin .... » 47

IX   Educação e aprendizagem .... » 53

X   A educação, o ensinar e o aprender .... » 57

XI   Educação, aprendizagem e compreensão .... » 61

XII   Aprendizagens e transferências .... » 65

XIII   A educação e a aula .... » 69

XIV   As aulas e seus diferentes formatos .... » 75

XV   O que observar quando se trabalha com equipes? .... » 87

XVI   Educação e conteúdos .... » 91

XVII   Educação e método .... » 97

XVIII   Educação por meio de projetos .... » 99

XIX	Educação, educador e professor	» 105
XX	Educação, aprendizagem e tecnologia	» 111
XXI	A aprendizagem do professor	» 115
XXII	Educação e avaliação da aprendizagem	» 119
XXIII	Educação e as dificuldades de aprendizagem	» 125
XXIV	Educação, competências básicas e habilidades	» 135
XXV	Educação e inteligência	» 139
XXVI	Possibilidades e limites na educação das inteligências	» 143
XXVII	Certezas e mitos sobre o cérebro e a aprendizagem	» 147
XXVIII	Educação da inteligência e pensamento operatório	» 153
XXIX	A teoria das inteligências múltiplas	» 159
XXX	A educação de adultos, a tutoria e o ensino a distância	» 169
XXXI	Educação, criatividade e pensamento sistêmico	» 177

Conclusão
A educação construindo uma nova escola » 183

Glossário » 187

Publicações do autor » 199

Indicações de leituras » 205

» **APRESENTAÇÃO**

Por que e para quem

Será que com tantas publicações especializadas e voltadas para o tema da educação, de tantos autores e muitas editoras, ainda existe espaço para mais um livro que introduza esse assunto? Será que um tema como esse, com tantas e tão diversificadas especialidades, poderia abrigar obra que pudesse abarcar tão vasta abordagem? Em caso afirmativo, para quem seria esse livro? Qual o perfil de seus leitores?

Para todas essas questões estamos plenamente convencidos de que a resposta é afirmativa, e essa convicção se apoia em três fundamentos.

O primeiro é que, quanto mais publicações especializadas e tanto mais autores e editoras se debruçam sobre o tema, maior é a oportunidade de um livro que procure sistematizar essas análises sugerir um fio condutor para esclarecer tão grande diversidade. O segundo fundamento é que a urgência do tema se justifica pelo surgimento de um número cada vez maior e mais expressivo de profissionais de outras áreas interessados por educação que vislumbram nela uma ferramenta essencial para a modernidade e a alavanca imprescindível para o futuro do país. Neste livro, essas pessoas podem encontrar uma introdução que busca ser clara, objetiva e elucidativa, e não colocar um ponto de vista único, mas ajudar a perceber panoramas distintos e facilitar a consciência de assumir opiniões diante de outras, opostas. E, finalmente, o terceiro e mais importante fundamento é que o presente trabalho procura se afastar de uma linha exclusivamente metodológica e teórica, para sugerir práticas e propor ações para a educação dentro e fora da escola, para alunos e para não alunos, de qualquer idade.

Admitindo-se que possa este livro cuidar desses três fundamentos e, dessa maneira, responder às primeiras questões, parece delinear-se o perfil de seus eventuais leitores. É, dessa forma, livro para professores e estudantes de licenciatura e pedagogia, mas também para educadores sociais que trabalham com grupos de risco ou não, como também para pais e avós, educadores pela contingência da esperança e da paixão.

Mas, com tal finalidade e para tão amplo perfil, não seria este livro um trabalho bastante ambicioso? Mais uma vez a resposta é afirmativa. Ambicioso não porque define, mas sugere; não porque aponta soluções, mas propõe desafios e estimula pensamentos. Ambicioso da primeira à última palavra, mas em nenhum momento presunçoso, pois reconhece que quanto mais busca ensinar tanto mais renova a alegria de aprender.

Celso Antunes

» **I**

O que é educação

Em sentido vocabular, a palavra "educação" nos remete ao ato ou efeito de educar, processo que busca o desenvolvimento harmônico da pessoa nos seus aspectos intelectual, moral e físico, e sua inserção na sociedade. Considerando que a espécie humana nasce imatura tanto do ponto de vista biológico quanto de suas condições intelectuais, a educação é um conjunto de práticas e usos destinados à preparação progressiva para inserção plena da criança na comunidade em que vive e na sociedade à qual essa comunidade se integra. Assim, a educação busca suprir tudo quanto pelo instinto a espécie humana não consegue obter: noções de higiene, cuidados corporais, informações sobre saúde, alimentação, relações interpessoais e inúmeras outras formas de procedimento.

Como se percebe, a sensibilidade para a importância da educação surgiu com os fundamentos evolutivos que esculpiram a humanidade e prossegue até hoje como o principal instrumento para a vida e para as conquistas idealizadas pelo homem. O psicólogo e educador suíço E. Claparède (1873-1940) comparava-a a uma alavanca essencial para se atingir um fim. Em um contexto mais restrito, a palavra "educação" se refere a polidez, cortesia e atos de respeito aos outros.

O processo educativo sofre contínuas alterações, das mais simples e pontuais às mais radicais e significativas, de acordo com o grupo ao qual ele se aplica, e se ajusta às formas consideradas "padrão" nas sociedades. Mas ocorre também no dia a dia, na informalidade, no cotidiano das pessoas. Nesse caso, é conhecida como educação informal.

A amplidão a que o conceito se presta permite que, atualmente, essa palavra se associe à educação do corpo e do movimento (física), aos cuidados essenciais da nutrição (alimentar), aos fundamentos da ética e da cidadania (moral). Mais ainda: alonga-se para a compreensão e sensibilização para a preservação da natureza (ambiental), para o conhecimento, compreensão e desenvolvimento da arte na história humana (artística), ao estudo e sensibilização para valores espirituais (religiosa), ao domínio de princípios mecânicos, e inúmeras outras. No caso específico da educação exercida para domínio e utilização dos recursos técnicos e tecnológicos e dos instrumentos e ferramentas de determinada comunidade, é conhecida como "educação tecnológica". Neste livro, a abordagem se centralizará na relação entre a educação e a escolaridade, não deixando de envolver nesse processo a família, uma vez que sentimos essencial a plenitude dessa integração.

A importância da educação transcende em muito à preparação para o mundo do trabalho e das relações humanas e em muitos aspectos se confunde com o próprio sentido de felicidade. Considerando que a raiz etimológica da palavra "felicidade", latina, como a da palavra "educação" expressa um estado de ventura e contentamento e que sua conquista supõe o alcance de sonhos materializados em metas, a educação representa ao mesmo tempo uma ferramenta para se construir a felicidade e um meio para plenamente avaliá-la.

» **II**

Educação, aprendizagens e princípios

O que significa aprendizagem? Como aprendemos? Por que aprender?

Respostas a perguntas dessa natureza justificam o sentido da palavra "educação" e nos remetem a seus princípios ou fundamentos. Uma tentativa inicial de resposta afirmaria que a aprendizagem é o resultado da interação entre o sujeito e o ambiente, e que se traduz em uma modificação comportamental, permanente ou relativamente duradoura. É, portanto, provocada por uma série de acontecimentos externos ao aprendiz, visando estimular processos internos.

O conceito, como se percebe, vai além da aprendizagem escolar, manifestando-se como um fenômeno do dia a dia, que ocorre desde o nascimento e em todos os momentos da vida. Mas nem toda mudança comportamental pode ser considerada aprendizagem. Crescemos e nosso corpo se modifica por toda a existência, nem por isso essas mudanças refletem qualquer aquisição conquistada no meio ambiente. É por esse motivo que quando, no conceito de aprendizagem, se fala em mudanças, elas se referem às que se evidenciam como produtos de treinamento, repetições, exercícios e práticas diversas.

Ainda no campo do conceito de aprendizagem, percebe-se a existência de três grandes enfoques teóricos: o comportamentalista, o cognitivista e o humanístico. A corrente comportamentalista considera todo aprendiz como um ser que responde a estímulos oferecidos pelo ambiente externo, excluindo a ideia de que o cérebro aprende por si só. A linha cognitivista ocupa-se principalmente de processos mentais; de acordo com essa linha, à medida que o aprendiz se situa no mundo, estabelece relações de significação com as realidades que vivencia. Finalmente, a orientação humanística busca fundir o indivíduo como um todo, no qual interagem aspectos mentais e a relação ambiental, e, dessa forma, não se limita a um aumento de conhecimentos, pois inclui atitudes e escolhas do aprendiz. Nem sempre é fácil identificar a orientação seguida por esta ou aquela escola, por este ou aquele professor, pois frequentemente essa orientação é a combinação de diferentes aspectos de uma ou de outra teoria. Entretanto, seja qual for a corrente preferida, a ação escolar necessita sempre inspirar-se em determinados princípios filosóficos pedagógicos.

Sem princípios, um conjunto de conhecimentos ordenados não constitui uma ciência, e um conjunto de regras não estrutura uma religião. Esses princípios, em síntese, integram uma resposta às três questões usadas para abrir este capítulo. São, de maneira geral, princípios éticos que regulam a autonomia, a solidariedade, a responsabilidade e o respeito ao outro e ao bem comum, princípios políticos que regulam os direitos e os deveres de cidadania, assim como o exercício da criticidade e do respeito à ordem democrática e os princípios estéticos, da sensibilidade, da liberdade e da criatividade perante diferentes linguagens e manifestações culturais.

Voltamos então ao início do capítulo e nos deparamos com aquelas questões: "O que significa aprendizagem? Como aprendemos? Por que aprender?".

A aprendizagem é um processo de construção, ressignificação, sistematização, valorização e apropriação de saberes cotidianos geradores de transformações permanentes ou relativamente permanentes no aprendiz, e toda ação educativa se fundamenta em princípios éticos, políticos e estéticos. Aprendemos em função de ações mentais provocadas e geradas pelos desafios do viver e necessitamos aprender para a plena inserção no tempo e no espaço em que se vive e convive.

» **III**

A educação brasileira agora: o peso do passado

Uma visão retrospectiva da educação, no Brasil ou no mundo, costuma assumir perspectiva contraditória: se olha o passado com sentimento de reminiscência e vontade intelectual de perceber como antes se buscava fazer o que atualmente se faz, e, nesse caso, essa busca tem valor apenas documental e vai pouco além de saciar uma curiosidade humana natural. Então o olhar para o ontem procura tornar mais lúcida a compreensão do hoje e a retrospectiva não se detém em detalhes e cronologias, mas em análises que visam compreender as raízes do que atualmente se busca fazer. Não é propósito deste capítulo esse olhar retrospectivo, e, dessa forma, se voltamos ao passado, a única intenção é compreender o presente e pensar nele como alavanca para um amanhã melhor.

Assim pensando, o que primeiro se percebe é a existência de contraste expressivo entre a situação da educação brasileira comparada às referências internacionais ou quando se confronta o que sabem e o que não sabem nossos alunos em relação aos de outros países. Um pouco além, vale observar o interesse do educador brasileiro em participar de seminários, simpósios e congressos de educação.

Se usarmos como referência a Argentina, por exemplo, os resultados são gritantes. Nesse país irmão raramente se promovem congressos sobre educação, poucas vezes os professores saem de sua rotina para participar de encontros com objetivos voltados ao aprimoramento de sua prática pedagógica, pequenas são as tiragens dos livros sobre temas educacionais. Entretanto, a população argentina é, de maneira geral, mais culta que a brasileira, e seus alunos costumam se sair bem melhor que os nossos em provas e desafios internacionais. Como entender essa contradição?

A Argentina atualmente procura sobreviver à marcante crise econômica que já dura mais de uma década, e um olhar sobre sua atualidade muito se distancia de como era esse mesmo país anos atrás. Mas algumas identidades podem ajudar-nos a perceber por que nos esforçamos tanto e parecem ser tão escassos os resultados.

A educação brasileira aparenta viver efetivamente um estado de empolgação. Inúmeros professores brasileiros parecem correr de forma crítica contra o tempo, repensando-se e repensando suas aulas, buscando caminhos para aprimorar cada vez mais seu papel e sua transformação de especialista num assunto para um verdadeiro indutor de aprendizagens.

Ainda que muitos se alienem, não é possível esquecer a multidão de mestres que buscam estudar cada vez mais, questionar de forma cada vez mais crítica a sua prática, descobrir, enfim, que seu diploma não possui validade perene.

Ocorre, entretanto, que essa condição é extremamente atual e difere de maneira intensa do que era há cinquenta anos e da forma, ainda retrógrada, como a maior parte de nossos governos pensa a educação. Chega-se, pois, à raiz do contraste.

Até cinquenta ou sessenta anos atrás, o país não valorizava o saber, e a mentalidade colonizadora ainda influente acreditava que seríamos para sempre uma nação com o contraste entre uma elite intelectualizada que podia buscar lá fora os títulos que exibia e uma massa imensa de servidores braçais que não necessitavam jamais pensar. Boas escolas particulares e principalmente públicas existiam, mas não para o povo. Transformado, desde o descobrimento até a vinda da família real ao país, em colônia de exploração, o Brasil supunha não necessitar de mão de obra instruída, e a ideia era preservar a terra como espaço para a produção apenas de matéria-prima.

Mesmo após a independência, abrigamos longos períodos ocupados por governos oligárquicos ou ditatoriais, não ocultando sentimentos sobre educação como privilégio para alguns. Poucos administrando e mandando, e muitos servindo.

Os relativamente raros alunos que podiam chegar à escola buscavam-na apenas para segurar seus privilégios, destacar-se ainda mais de uma população que, se mantida alienada, melhor servia. Enquanto outros países havia muito mais tempo acordaram para a importância de se universalizar o ensino, no Brasil voltávamos as costas a essas ideias, achando que pobre não necessitava ler e acreditando que um rico em mil pobres seria a proporção desejável para o destino de uma nação. O Brasil mudou, muitos professores têm consciência dessa mudança e em nome dela se agitam ao descobrir-se em novo papel. Mas, como não poderia deixar de ser, pesa muito sobre os ombros desse novo Brasil um velho país de arcaica concepção sobre ensino e aprendizagem e sobre para quem servia a escola.

Falta apenas a maior parte dos dirigentes brasileiros, e nesse contexto se incluem presidentes, senadores, deputados, vereadores, prefeitos e secretários de educação, e também a faixa submersa do poder – órgãos e entidades públicas por meio dos quais se exerce o dia a dia das políticas governamentais –, perceber o que o nosso educador já há algumas décadas percebeu: descobrir que só se supera um deplorável passado educacional quando se aceitam os desafios do presente.

» **IV**

A educação, a escola e as tensões

O fenômeno da globalização impõe à escola novos posicionamentos que, por sua vez, implicam tensões múltiplas. Não se concebe mais uma educação disforme, com características próprias a cada escola, e já não mais se preparam alunos para convívio restrito ao ambiente no qual nasceram e, provavelmente, passarão sua vida e exercerão suas competências. A característica inadiável e mundial que caracteriza uma educação globalizada somente poderá se consolidar com a superação de algumas tensões. Entre essas, as que parecem ser mais emergentes são:

- É essencial educar para o global, sem perder de vista o ambiente local. É imprescindível superar a tensão de preparar alunos para conceitos e vivências planetárias, mas não é menos importante que aprendam e não percam suas raízes e possam, assim, participar da vida de seu país e de suas bases comunitárias. A inadiável mundialização da cultura impõe estratégias educativas que não abandonem o universal, mas possam também se voltar para o singular. Um cidadão do mundo é, ao mesmo tempo, criatura única e particular que compreende sua universalidade, mas mantém e preserva a riqueza de suas tradições.

- É importante o equilíbrio entre a tradição e a modernidade, construindo-se uma autonomia dialética que, sem negar a si mesmos, os alunos possam dominar e usufruir os progressos tecnológicos e científicos. É essencial, assim, poder compreender e usufruir o espaço em que vivem e simultaneamente pensar em sua sustentabilidade para todos quantos em todo o mundo ainda irão nascer.

- A mobilidade das transformações impõe soluções a curto e também a longo prazo, com o domínio dualista do efêmero e do permanente se traduzindo em inevitável tensão entre pensamentos sistêmicos, sem que se abandonem estímulos a descobertas e mudanças pessoais.

- Que alunos e professores saibam aprender, compreender e administrar o conflito entre o espiritual e o material, cabendo à educação despertar em todos os seus atores a consciência do pluralismo e a compreensão do uso da espiritualidade, quando vendida como mercadoria.

- Finalmente, conquistar e fundamentar a percepção de que vivemos tempos em que estruturas e fundamentos que durante o passado foram apreendidos como sólidos se transformaram em líquidos. A solidez impenetrável do rochedo mudou para a plasticidade serena do lago onde já não existem estruturas padronizadas. Tudo quanto é líquido assume formas mutáveis em instantes: a água que sai da torneira, por exemplo, forma uma coluna que assume forma arredondada se colocada em uma jarra, para segundos depois assumir a forma do copo e nesse formato breve se manter, até que a sorvamos para outros múltiplos formatos em seu trajeto pelo nosso corpo. Antes de a globalização e a internet invadirem e transformarem a educação e a escola, a família, a empresa e o emprego, a política e a religião mostravam-se sólidas e firmavam esse formato pela tradição esculpida pelo tempo. A boa escola para o pai era, com certeza, a escola boa para o filho; o padrão de uma bela família se ajustava ao tempo, mas os valores eram valores, e sobre isso não se questionava, e assim era em relação a tudo o mais. Uma empresa, por exemplo, firmava seu conceito de probidade exibindo os anos de sua existência, e as religiões fundamentavam valores espirituais em nome de profetas seculares. Entretanto, tudo o que parecia ser como a rocha, sólida e estática, em tempos de agora parece estar se liquefazendo. Diminui o espaço para a solidez, e os conceitos de qualidade depressa se alteraram: a boa escola é a que melhor acompanha as mudanças em seus alunos, e, se nas famílias ainda existe a figura do pai, liquefizeram-se também o que se pensava de masculino e de feminino e as relações entre os gêneros. Claro que ainda existem famílias como as de antigamente, mas ao seu lado há também casais do mesmo sexo, filhos assumidos sem ter sido gerados pelos pais etc. A empresa moderna é a que mais depressa se amolda às mudanças, e ao lado de espetáculos de falências de grupos econômicos fortes e tradicionais assistem-se a novas modalidades de empresas que nascem num dia e são vendidas por bilhões no seguinte. Na política, a internet decide quem vence, e sólidas ditaduras caem não pela força de generais opositores, mas pela ação turbulenta comandada pelas redes digitais. Ditaduras desfazem-se como castelos de cartas, e prosaicos aparelhos celulares exibem abusos e denúncias que, colocadas em rede, agitam multidões. A escola que não absorve nem busca compreender essas tensões e o aluno que não aprende a vivenciá-las serão, por certo, elementos condenados à diluição.

» **V**

Educação e pedagogia

Em seu sentido primitivo, a palavra "pedagogia" representa a arte de conduzir crianças: *paidós* (criança) e *agogé* (condução). No sentido atual, indica estudo sistemático das diferentes manifestações do fenômeno educativo, ou, de forma mais restrita, conjunto de normas referentes ao processo ou à atividade educacional. Ao longo da história, sobretudo no Ocidente, o conceito de "pedagogia" firmou-se como termo correlato à "educação" ou à ciência do ensino. Entretanto, é essencial separar a formação do pedagogo e a ação educativa. O termo "educador", por exemplo, é igualmente utilizado para o profissional que conquistou essa capacitação e é, dessa forma, um pedagogo (pessoa investida de uma função reflexiva e investigativa que possui identidade e problemática próprias, e, portanto, científicas), e também para quem assume a responsabilidade de educar, independentemente do ambiente onde esse processo possa ocorrer. Em inúmeras circunstâncias, tem se popularizado a ideia de que "educador" é todo aquele que educa e promove transformações na pessoa humana, mesmo que essa ação não se identifique como atividade profissional, sendo que o termo "pedagogo" expressa uma afirmação e responsabilidade profissionais. Todo pedagogo, considerando-se essa ideia, é um educador, ainda que nem todo educador possua formação profissional específica. Essa mesma circunstância destaca que um "professor" deve ter formação pedagógica, mas não em igual nível e profundidade que a de um pedagogo e, nesse contexto, o professor não é necessariamente um pedagogo, ainda que este possa atuar como professor, pois sua formação admite que seja também legalmente habilitado, na eventual falta de professores, para lecionar as disciplinas que fazem parte do Ensino Fundamental e Médio, além de se dedicar à área técnica e científica da educação, como, por exemplo, prestar assessoria educacional. Assim, o professor não é um pedagogo, mas, em circunstâncias necessárias, um pedagogo pode atuar como professor.

No Brasil, pedagogia é curso de graduação, tratando-se, portanto, de uma licenciatura, cuja grade horário-curricular atual confere habilitações em educação infantil, ensino fundamental, educação de jovens e adultos, coordenação educacional, gestão escolar, orientação pedagógica, pedagogia social e supervisão educacional.

Como um profissional de educação, o pedagogo reflete sobre e age no processo de transformação e mudança do indivíduo em seu estado físico, mental, espiritual e cultural. Portanto, o pedagogo estuda o processo de transmissão do conteúdo e da mediação cultural (ensino), que se torna o patrimônio da humanidade, e também da realização plena da humanização da pessoa, e o processo pelo qual a apropriação desse conteúdo ocorre (aprendizagem), podendo ainda prestar formas diversificadas de consultoria educacional.

» **VI**

A nova e a velha pedagogia

O final do século XIX e o início do XX foram marcados pela passagem da pedagogia tradicional, ou "velha" pedagogia, para a nova pedagogia. A velha pedagogia se mantinha, em linhas gerais, quase estática desde séculos anteriores e se caracterizava por ser discursiva, prescritiva e ritualizada. Ela passou a ser sensivelmente abalada no início do século XX, quando foi contestada pelo movimento que ficou conhecido como "Escola Nova" e, mais recentemente, pelos avanços relativos ao conhecimento sobre como o cérebro humano aprende e de que maneira retém e transfere o apreendido.

Afirma-se que a velha pedagogia se apresentava "discursiva" porque nela a figura central do ensino e o eixo da aprendizagem se voltavam para a figura do professor, seu saber e seu discurso. "Prescritiva", uma vez que os conteúdos e procedimentos apresentados visavam sua exclusiva fixação e eventual uso quase especificamente retórico, e, portanto, os alunos não eram desafiados a resolver situações-problema, mas a acolher o que era prescrito. Finalmente, "ritualizado", uma vez que as aulas ministradas seguiam ritual claramente previsto e definido.

As ideias que inspiraram a "Escola Nova" estão ligadas à ciência que passa a estruturar os saberes a serem dominados, a novos conceitos sobre as efetivas necessidades da criança e à materialização de que na abordagem pedagógica deve prevalecer o domínio da prática (competências) e sua estreita relação com o saber científico revelado e constantemente alterado, e com a psicologia da criança e do adolescente.

Vale-se da observação e da experimentação objetiva, e assim a pedagogia se firma como a ciência da educação ao usar tais metodologias científicas. Com a pedagogia nova, o aluno é colocado como eixo central das preocupações, e a construção de seus conhecimentos destaca o professor não mais como o que prescreve informações através de discursos, seguindo um ritual previamente definido, mas como um profissional que, colocado entre o saber e o discípulo, ajuda este a se transformar e, dessa forma, a se educar. No capítulo seguinte, de forma extremamente sumária, o que de maneira alguma justifica que os leitores não façam pesquisas significativas, vamos apresentar diversos autores que, guardando diferenças expressivas e às vezes contraditórias em seus postulados, integram a corrente da nova pedagogia.

Críticos consistentes da velha pedagogia elegeram o aprendiz, sobretudo a criança, como sua preocupação essencial e fizeram de suas práticas um "modelo" pedagógico completo, seguido por várias escolas em todos os pontos do planeta, e propuseram questões a que a pedagogia tradicional jamais ousou responder. Mais ainda, a escolha de alguns entre tantos que mereceram igual destaque deveu-se à proposição de diretrizes concretas relativas à gestão do tempo e do espaço, programas, conteúdos conceituais e procedimentais, recompensas e avaliação.

» **VII**

A nova e a velha pedagogia e os educadores marcantes

Não constitui proposta deste livro a análise dos vários autores que, apesar das grandes diferenças em suas experiências e em suas obras, participaram do grupo da nova pedagogia. Como críticos veementes da pedagogia tradicional, identificaram-se por acreditar que o aluno deveria sempre representar o eixo de toda conduta educacional e que ao professor, na verdade, não cabia mais apenas transmitir informações, e sim colocar-se como mediador no processo de aprendizagem entre os saberes a serem conhecidos e a capacidade cognitiva das pessoas que buscavam aprender.

Para todos quantos estão iniciando os estudos sobre pedagogia não parece ser fácil compreender a dimensão das influências trazidas por grandes educadores, como Piaget, Vygotsky, Paulo Freire, Celestin Freinet, Maria Montessori, John Dewey e muitos outros, para os conceitos com os quais hoje estruturamos nossas ideias sobre educação, sala de aula, aprendizagem, professor e aluno. Até cerca de cinquenta anos atrás, ou pouco mais, no Brasil eram vagas e específicas de alguns poucos professores as referências à chamada "Escola Nova" e à "Nova Pedagogia". Ensinar alunos geralmente se expressava pela figura autoritária do professor, por aulas exclusivamente discursivas, ideias sobre aprendizagem associadas a um preenchimento caótico de informações na memória.

O movimento renovador da Escola Nova, associado ao nascer da Nova Pedagogia, desencadeou-se no século XIX na Europa e na América do Norte, mas foi no século XX que começou a alcançar salas de aula, transformando conceitos sobre ensino e aprendizagem, inspirando pensamentos que questionavam a escola convencional e se mostravam nas obras e ações dos pensadores citados acima e ainda de Pestalozzi, Rudolf Steiner, Anton S. Makarenko, Olive Decroli e outros. Embora seja difícil situar um instante definido, tudo leva a crer que o precursor dessas novas ideias teria sido Jean-Jacques Rousseau (1712-1778), que mostrou em sua obra *Emile* análises que inquietaram pensamentos e causaram mudanças.

A Escola Nova fez desabrochar novos conceitos e criticou práticas pedagógicas tradicionais, sem, entretanto, deixar prevalecer o sentido de que um bom ensino não dispensa um corpo de conhecimentos, agrupado em disciplinas que estruturam um currículo, que, por sua vez, não dispensa planejamento coerente e avaliações significativas e sistemáticas. Mesmo admitindo a enorme dificuldade em tão vasta seleção, buscamos elaborar pontos de convergência entre fundamentos da Escola Nova encontrados nas obras de Piaget, Vygotsky, Paulo Freire, Celestin Freinet, John Dewey e Maria Montessori. Esses pontos se abrigariam na seguinte síntese:

- Toda pessoa traz em sua bagagem hereditária a capacidade de aprender instintivamente. Aprendem, por exemplo, a falar, e por isso, mesmo que cresçam em meio a macacos ou lobos, adquirem sons da linguagem destes, diferentemente de hábitos do instinto, como, por exemplo, mamar, que desenvolvem sugando o seio oferecido, seja este humano ou não. Nesse exemplo, percebe-se que, tal como os bichos, os humanos trazem reações instintivas que não dependem da aprendizagem convencional, mas trazem também potenciais que se desenvolverão mais ou menos, desta ou daquela maneira, de acordo com as experiências vividas. Mas a educação dos seres humanos, ainda que mostrando semelhanças iniciais, caminha muito além da aprendizagem animal. Nossa educação não continua apenas o trabalho da vida, busca instalar domínios de trocas e ensina a compreender e cambiar símbolos, intenções, valores, padrões de cultura, relações de poder. Para a aprendizagem animal, basta ser um membro integrado à espécie; para a aprendizagem humana, a igualdade ao predecessor é pouco, e não há mãe ou pai, mestre ou professor que não sonhe com seres melhores, humanidade mais justa, que não empregue esforço consciente da vontade e do conhecimento para a consecução de um fim sempre acima do estágio conquistado no momento.

- É essencial que se respeite a autonomia do aluno e que se saiba que aprender é movimento interno, e não acúmulo de informações exógenas, e, assim, o professor atua como mediador entre a leitura de mundo que faz e a capacidade própria de cada aluno em desenvolvê-la.
- A percepção de que os aprendizes são diferentes entre si e, portanto, aprendem de forma autônoma e diferenciada, conforme estilos que não podem aceitar padronizações. Dessa forma, a organização de aulas e atividades necessita dar destaque ao protagonismo do aluno e sua participação ativa no processo de aprendizagem, cooperação e sociabilidade. É importante que aulas de qualquer disciplina valorizem os interesses do aluno, suas necessidades físicas, cognitivas, emocionais e sociais, e a sua capacidade de refletir o que aprende no cotidiano da vida que leva.
- A convicção de que um espaço de aprendizagem não pode ser restrito a uma sala de aula e, portanto, é importante valorizar as atividades ao ar livre, e a compreensão de que a aprendizagem associa os experimentos realizados em sala de aula com os feitos também em oficinas e laboratórios, aulas de campo, visitas, entrevistas e excursões e outras atividades cotidianas no espaço que as envolve.
- A articulação entre o aprendizado intelectual e o desenvolvimento de inteligências e sua operacionalização em competências não dispensa atividades

materiais e sociais que valorizem a dignidade de toda forma de trabalho, e, portanto, repudia-se qualquer tipo de castigo e todo e qualquer ato que vise cercear a espontaneidade e a autonomia de pensamento.

- As matérias ensinadas também se manifestaram na familiaridade e nas experiências que os alunos trazem consigo. Uma criança, assim, não entra na escola para aprender história, matemática, geografia ou outras matérias, porque já as aprendeu vivendo e se relacionando. O papel da escola é sistematizar esses saberes e, dessa forma, ampliá-los de uma dimensão pessoal para uma dimensão social.

- Outro papel da aprendizagem é também integrar o que se descobriu de maneira lógica e racional. Uma pessoa, por exemplo, está plenamente ajustada ao seu ambiente não apenas quando sabe conteúdos conceituais, mas também quando assume consciência sobre o que sabe, percebe o que ainda necessita saber e sabe transformar o que sabe em ações que fortaleçam a inteligência humana, não como atributo particular, mas como um recurso da espécie para sobreviver e para melhor conviver.

- Em sala de aula, os alunos complementam saberes que exercitam a descoberta do outro e a percepção empática "do outro em si mesmo" através de ações como cumprimentar, jogar, despedir-se, escutar e somente interromper uma conversa se essencial. Precisam aprender a fazer amizades, receber bem os novos colegas, relacionar-se com os adultos que desconhecem. Descobrem atitudes e procedimentos entre outros sobre como se comportar nos transportes e nos lugares públicos como meio de civismo, mas é recurso de independência. Em aula, desenvolvem o domínio corporal do equilíbrio e aprendem a dominar os movimentos do corpo e a dirigir com atenção o pensamento, se for necessário pensar. Desenvolvem experimentos para aprimorar o paladar, sabem ver, pois descobrem que ver é mais que olhar e é sentido que na escola se aprende. Aprimoram a sensibilidade tátil, comparam texturas, identificam cheiros e sabem dramatizar, com jogos, diferentes conceitos que pesquisaram e dominam.

- A interdisciplinaridade é caminho essencial para se chegar à transdisciplinaridade, que exige que todos os educadores partam de experiências cotidianas concretas para, através delas, construir o saber válido e libertador. Impossível chegar a um currículo plenamente interdisciplinar sem uma formação contínua permanente de professores, fazendo-os sentir e descobrir a dignidade de sua profissão unida à formação como prática permanente e sistematizadora da reflexão, construída com base no diálogo. Todo diploma e certificação docente devem evoluir para a ideia de uma validade apenas transitória.

Impossível aceitar uma educação plena e transdisciplinar se família e escola convivem como ambiente separados. A plena integração familiar e a escola como sendo ao mesmo tempo de professores e alunos não deve expressar circunstância excepcional, mas ação construída em cada unidade escolar.

As pessoas somente aprendem quando são capazes de agir direta e sensivelmente em seu ambiente, uma vez que não pode existir apropriação de conhecimento sem que se compreenda como ele se constrói. Responsabilidade, cooperação, sociabilidade, autonomia, direito a livre expressão/comunicação e criatividade constituem os princípios essenciais de uma educação plenamente transformadora.

A ajuda de mediadores efetivamente preparados jamais dispensa a existência de um "clima" propício à aprendizagem, no qual se destacam apoios e suportes favoráveis, organização, materiais de consulta e pesquisa acessíveis e disponibilidade de tempo para revisões e intervenções com alunos com dificuldades maiores. O professor tem papel explícito como provocador de avanço no aprendiz, levando-o do que conhece ao que pode efetivamente conhecer.

Quando se analisa de uma maneira consciente e crítica a escola que se frequenta ou onde se trabalha, não é difícil constatar que os ideais da Nova Pedagogia ainda simbolizam, em inúmeros pontos, metas a se buscar, caminhos à espera de integral conclusão.

A mudança que ocorreu na história da pedagogia, desde os gregos, que a criaram, até os dias de agora é de tal forma radical que, sem nenhum sentido pejorativo, é válido falar de uma velha pedagogia, substituída pela nova, ainda que desde o momento da virada até os dias de agora já tenham se passado mais de cento e dez anos e, portanto, a "nova" pedagogia em termos de vida humana é até bem antiga. Nem por isso, entretanto, a velha pedagogia insurgiu-se como bloco uniforme, e no desenvolvimento histórico da educação é possível perceber-se diferentes fases, cada uma delas com características particulares. Entre essas fases, as principais se alinham conforme o exposto, na próxima página, no Quadro I.

Quadro I

FASES DA EDUCAÇÃO	CARACTERÍSTICAS PRINCIPAIS
PRIMITIVA Todo longo período pré-histórico	Anterior à invenção da escrita, na qual a educação natural, passada de pais para filhos, ocorria de maneira espontânea e direta, mas não uniforme e intencional. Era praticada por grupos humanos dispersos pela superfície do planeta.
ORIENTAL Aproximadamente do século III ao século X a.C.	Praticada por povos e civilizações desenvolvidos, geralmente de caráter autocrático e religioso, compreendendo países diferentes entre si, como Egito, Índia, Arábia, China e o povo hebreu.
CLÁSSICA Entre o século X a.C. e o século V da Era Cristã	Desenvolvida na Grécia e em Roma, destacando-se por alcançar apenas as elites e se mostrar predominantemente humanista e cívica.
MEDIEVAL Do século V ao século XV	Estimulada pelo desenvolvimento e expansão do cristianismo, alcança, com pequenas diferenças, todos os povos da Europa.
HUMANISTA Século XVI	Iniciando-se com o Renascimento, representa o retorno da cultura clássica e era baseada na natureza e seu domínio pelo homem, na arte e nos conhecimentos científicos fortemente influenciados pelo sentimento religioso. Desenvolveu-se mais ou menos na mesma época da Reforma e Contrarreforma religiosa.
CRISTÃ REFORMADA Século XVI	Não difere quanto aos métodos desenvolvidos na fase humanista, mas, inspirada na Reforma Religiosa, sugere as confissões protestantes e questiona alguns aspectos da religião cristã confessional.
REALISTA Do século XVII ao nascer da Nova Pedagogia	Inspirada no desenvolvimento da filosofia e da ciência, motiva-se pelas descobertas e proposições de figuras como Newton, Copérnico, Descartes e outros.
NATURALISTA Proposta no século XVIII, permanece até o nascer da Nova Pedagogia	Inspirada no Renascimento, mostra-se, como todas as fases anteriores, essencialmente elitista, e apoia os conteúdos que desenvolve em ideias iluministas. Ganham projeção pensamentos educacionais de filósofos como Rousseau e Condorcet.
NACIONAL Iniciada com a Revolução Francesa (1789), alcança apogeu no século XIX, perdurando até a Nova Pedagogia	Promove a intervenção do Estado na educação com o estabelecimento da escola primária universal, gratuita e obrigatória, buscando formar uma consciência patriótica e nacionalista.

A velha pedagogia ou tradicional poderia ser caracterizada como uma prática conservadora e, por isso, imutável; prescritiva e, dessa forma, ensinada como receita que se acolhe sem discutir, e ritualizada, em que a maneira de se ministrar e assistir à aula seguia os padrões inalterados de um rito religioso. Era assim no século XVII, manteve-se pelos séculos XVIII e XIX e adentrou o século XX, quando o movimento conhecido como Escola Nova insurgiu e promoveu expressivas mudanças.

Mas cabe destacar que, embora esse movimento seja próprio dos tempos de agora, não é exclusivo, uma vez que na história da pedagogia sempre eclodiram aqui e ali movimentos inovadores buscando questionar e renovar a educação prática. Mas essas ações restritas a experiências locais não se integraram em uma ideia coletiva de mudança, até mesmo pelo relativo isolamento das ideias e sua circulação antes do século XX. Basta recordar que o próprio método utilizado por Sócrates – propor desafios, incitar contradições e animar reflexões pessoais – era uma ideia altamente renovadora em relação à educação grega tradicional. No Renascimento surgiram também reações contrárias ao caráter ritualista e dogmático do ensino praticado, e, já no século XVIII, Rousseau e Pestalozzi e, no século XIX, Froebel mostravam ideias revolucionárias que em muitos aspectos se aproximavam das que caracterizaram o nascer da Nova Pedagogia.

Progressivamente, foi ficando para trás o Quadro I, substituído pelo Quadro II, na próxima página.

Quadro II

CARACTERÍSTICAS	VELHA PEDAGOGIA OU TRADICIONAL
OBJETIVOS E FINALIDADES	Transmitir a cultura às novas gerações e trabalhar valores concretos como o verdadeiro, o belo e o bom.
MÉTODOS DE ENSINO	Ensinar de fora para dentro através da exaltação do enciclopedismo e imposição de modelos que deveriam ser assumidos pelos alunos. Valorização do esforço pessoal e exaltação da disciplina passiva.
MANEIRA DE SE PENSAR O ALUNO	A criança é como plástico que se amolda, e a infância é período irrelevante e de espera para a vida adulta. Exalta-se a inteligência, a qual é associada à capacidade de memorização.
PROGRAMAS E CONTEÚDOS CONCEITUAIS	O conteúdo ensinado não se vale dos interesses do aluno, e os conteúdos desenvolvidos de maneira objetiva se inspiram no idealismo.
PAPEL DO PROFESSOR	O professor e seu saber estão no centro da ação e devem inspirar modelos a serem imitados pelos alunos.
POSTURA DO PROFESSOR E DO ALUNO EM AULA	Disciplina rígida e autoritária que visa coagir e motivação extrínseca com recompensa e punições. Professor expositor.
SISTEMAS DE AVALIAÇÃO DA APRENDIZAGEM	Avaliação em datas previamente marcadas e centrada na aferição de conceitos passados pelo professor ou estudados em material por este indicado.

NOVA PEDAGOGIA OU ESCOLA ATIVA
Fazer das informações transmitidas o despertar da reflexão, transformar o "saber" em "fazer" e trabalhar valores subjetivos e pessoais.
Ensinar de dentro para fora, tomando como ponto de partida o conhecimento do aluno e seus interesses para a construção de novos saberes, e sua transferência essencial à leitura do mundo.
A criança tem necessidades e interesses, a infância tem valor em si mesma, e ensinar significa ajudá-la a construir significações para aplicação em outros contextos.
Os interesses dos alunos determinam a estrutura dos conteúdos, desenvolvem-se conceitos realistas e exalta-se o aprender a aprender, explorar competências e saber se relacionar e trabalhar em equipe.
O papel do professor é guiar, aconselhar, intrigar, desafiar e despertar o aluno para os saberes e sua contextualização com a realidade vivida.
Disciplina intrínseca (que vem do estado de consciência) e elaboração de um "contrato" normatizando regras de procedimento e eventuais sanções. Professor desafiador.
Avaliação através de múltiplos meios, em diferentes oportunidades, valorizando o saber aprender, as competências, as relações grupais e o espírito empreendedor dos alunos.

» **VIII**

A nova e a velha pedagogia e a contribuição de Darwin

Imaginemos que um avião caia na selva e um bebê de apenas alguns dias é resgatado por chimpanzés ou outros animais e por eles criado. Imaginemos ainda que essa criança chegue à adolescência. No momento em que a examinamos, conta dezesseis anos, período no qual não conviveu com nenhum ser humano. O que essa criança sabe da vida e do mundo com o qual interage?

Muitas coisas, muito mais do que somos levados a crer. O ser humano, produto de uma longa e lenta evolução biológica, incorporou uma série de "saberes" ou "instintos" e, mesmo sem dispor de pessoas que os mostrassem ou fizessem-no com eles interagir, seria capaz de exercitá-los.

Dessa maneira, é provável que essa criança darwiniana fosse plenamente capaz de perceber que uma pedra atirada com força produz efeitos diferentes de uma jogada displicentemente, que, afiando a extremidade de outra, dela podemos fazer objeto de furar, e que a força e o movimento aplicados sobre um corpo podem transformá-lo, e como o transformam. Mesmo sem ter quem lhe ensinasse diferenças, saberia reconhecer estruturas de animais e de plantas e identificar semelhanças e distinções entre espécies. Teria por certo noção clara de grandeza, seria capaz, por exemplo, de saber que dez macacos são bem mais que dois e, mesmo que não aprendesse símbolos formais para com uma palavra expressar um número, perceberia que existem expressões quantitativamente diferentes entre os seres ou as coisas ao seu redor. Essa criança desenvolveria noção de perigo e saberia o risco de lugares altos, águas revoltas e tempestades cruéis. O medo estaria cercando-a, ainda que ninguém jamais o apontasse, e isso a afastaria de predadores, animais peçonhentos e feras que poderiam estraçalhá-la; jamais saberia o nome de uma fruta, mas discerniria as coisas boas para comer das venenosas, desenvolvendo percepção de "veneno" e apresentando reação "instintiva" contra coisas nojentas, fugindo de produtos que nós também consideramos repugnantes.

    Esse "selvagem" não saberia falar a nossa língua, mas seria proprietário de uma linguagem pessoal e, com ela, poderia atribuir nome às coisas e teria maneira própria de usar uma gramática e com ela diferenciar singular de plural, masculino de feminino, seres de coisas. Possuiria sensação de bem-estar ou de pavor e, como qualquer um de nós, apresentaria estados de alegria e tristeza, calma e inquietação, raiva e até mesmo vingança. Teria, enfim, um autoconceito e, percebendo em suas iniciativas sucesso ou fracasso, organizaria informações sobre seu "eu". Mais tarde, ao ser eventualmente encontrado pelos que se acreditam "civilizados", ainda que pudesse aprender muitas coisas novas, mostraria uma inata capacidade de pressentir quem gosta dele e quem o repudia, e que valor os outros lhe atribuem. Mostraria senso de orientação, provavelmente nunca se perderia nos caminhos que viesse a percorrer e, se descobrisse uma companheira, mostraria conhecimentos de atração e repulsa e sentimentos primários de sexo. Tendo filhos, cuidaria de defendê-los, protegê-los, mostrando por eles estranha, mas coerente forma de amar. Possuiria noções de fidelidade e infidelidade e saberia, em relação a elas, reagir de maneira surpreendentemente pertinente e parecida à nossa. À luz dessas evidências que a biologia tão bem conhece e descreve e que a teoria evolucionista de Darwin admiravelmente explica, ficaria uma questão essencial. A escola é necessária? Se trazemos programadas em nossos genes tantas e tão curiosas formas de se relacionar com o mundo e construir uma forma de viver, será que existe espaço para mais coisas aprender, e, por esse motivo, qual a razão essencial da educação?

Existem coisas que aprendemos observando os outros, coisas que não é necessário que nos ensinem, pois na experiência com as coisas descobrimo-las, e coisas que aprendemos observando, podendo assim pensar melhor sobre elas. Absolutamente sozinhos, podemos descobrir que em dia frio é melhor procurar o sol, mas, se apreendemos, conquistamos lembranças e fantasias sobre o sol, podemos senti-lo inclemente mesmo na noite mais sombria. Mas de que maneira aprendemos? O que os estudos da

Nova Pedagogia podem nos mostrar na transformação de uma criança darwiniana?

Antes dessa resposta, há, entretanto, outra. Estudos neurológicos recentes que perscrutam a mente humana e percebem a aprendizagem no instante em que ela ocorre não nos ensinam apenas "como" aprendemos, mas nos mostram "como não aprendemos". E saber da negação antes da afirmação é importante até mesmo para descobrir se essa escola que ali está e aquele professor que ali trabalha realmente ensinam ou apenas pensam que ensinam. Assim, é tarefa inicial e essencial garantir que o conhecimento não seja uma "coisa" que vem de fora ou se capta do meio, mas sim um processo interativo de construção e reconstrução interior; portanto, não pode ser "transferido" de um indivíduo para outro, somente ser construído e reconstruído pela própria pessoa. Mas se conhecimento não é uma coisa que vem de fora e, portanto, não pode ser transferido de um indivíduo para outro, qual o papel do professor que diante dos alunos fica receitando loas, cantos ou versos sobre as capitanias hereditárias, o funcionamento do rim ou o clima do Sudeste? A resposta não é difícil.

O papel desses professores é criar arquivos mentais que levem os alunos a memorizar coisas que por algum tempo são repetidas e pouco depois esquecidas? Você por acaso lembra-se da primeira lei de Mendel? Sabe por que se deram as Guerras Médicas ou conhece a Paz de Kallias? Se há ou não valor intrínseco em trabalhos como esses, é pura questão de opinião, mas dizer que com tais processos se aprende é virar as costas à ciência e aos esforços de aprendizagem preconizados pela Nova Pedagogia. Fica, assim, o desafio: se aceitamos que quem fala de seus saberes nada ensina, resta a questão: "O que faz quem verdadeiramente ensina?".

A resposta é abrangente, superior à limitação da pergunta. Fiquemos, pois, com uma síntese, e com ela reafirma-se que o conhecimento é produzido pelas ações físicas e mentais da pessoa – no caso, o aluno –, juntamente com as reações do objeto – ou saberes – a se deixar assimilar. O conhecimento, portanto, jamais é uma cópia da realidade, mas sim uma reconstituição, pessoal e intransferível, da intermediação entre alunos e saberes. É, portanto, bem mais um "desenho" que fazemos do apreendido do que uma "foto" que tiramos e arquivamos. Toda aprendizagem implica uma "assimilação", ou seja, uma transformação do objeto do conhecimento de forma a torná-lo compatível com as estruturas mentais do aprendiz; por esse motivo, cada aprendiz possui uma concepção própria do apreendido. Mas, se assim é, qual o papel dos professores? Qual a essência de seu trabalho para ajudar o aluno a aprender? A pergunta já abriga a resposta. O segredo está na palavra "ajudar", que poderia ser sinônimo de "intermediar". O papel do professor não é, pois, o de transmitir informações, mas fazer-se agente da significação que a elas os alunos atribuem. O professor é um perguntador, desafiador, elaborador de problemas que, desafiando o aluno, estimula suas operações mentais sobre os saberes do mundo, levando-o a interagir com eles através de ações operatórias que os envolvem na reconstrução, síntese, contextualização e transferência, e assim se age relacionando, comparando, classificando, ordenando, avaliando, julgando, deduzindo, induzindo.

Todo professor é, em verdade, um "ajudante" de aprendizagens, um especialista em desafiar, em facilitar caminhos pela dúvida e reconstrução, em auxiliar uma pessoa a crescer. Entre todos os sinônimos extraídos do verbo "ajudar", dois mais claramente se identificam com a obra imensa de um verdadeiro professor: cooperar e socorrer. "Cooperar" é operacionalizar junto, construir ao lado; "socorrer" é trazer auxílio, correr para acudir. Como Darwin buscou mostrar, é salvar do obscurantismo e da ignorância.

» **IX**

Educação e aprendizagem

O extraordinário avanço no conhecimento da mente humana ocorrido nas quatro últimas décadas trouxe consequências muito importantes para a educação. É possível mesmo afirmar que começa a tomar corpo uma nova teoria da aprendizagem, que acaba por levar educadores à necessidade de novas abordagens nos processos de ensino, no desenvolvimento dos currículos e na avaliação da aprendizagem escolar. Paralelamente a essas conquistas, novas descobertas sobre os conteúdos conceituais, hipóteses e teorias referentes às disciplinas escolares e a interdisciplinaridade começam a tornar mais imperiosa a necessidade de mudança.

O que atualmente se conhece sobre a aprendizagem abre novos paradigmas para a educação, em que merecem especial destaque:

- Sabe-se que as crianças, mesmos as mais novas, dominam princípios básicos da biologia e da causalidade do espaço e do tempo, dos números e grandezas e da interpretação de narrativas, e que tais aptidões clamam pela criação de currículos inovadores e novas disciplinas escolares que introduzam conceitos essenciais para o raciocínio.

- Descobriu-se que as crianças e os alunos em geral possuem ampla competência para a transferência do apreendido, e isso permite a aplicação do que aprenderam na escola em muitos outros cenários e ambientes. Antes, o conhecimento conquistado na sala de aula não atravessava as portas dela; hoje não mais existem "paredes" limitando essa sala ao ambiente em que o aluno vive e busca conviver.

- Avanços nos estudos da antropologia, psicologia cognitiva e relações interpessoais mostram que a aprendizagem significativa necessita de alguns cenários que apresentam um conjunto de expectativas culturais e sociais e que esses cenários são determinantes para a aprendizagem e transferência.

- A psicologia cognitiva tem ampliado consideravelmente a compreensão da natureza do desempenho competente, envolvendo a capacidade de assumir pensamentos operatórios e sistêmicos, ampliando a capacidade prática de solucionar problemas em áreas diversas, como matemática, literatura, ciências, geografia e história.

- A neurociência não se cansa de fornecer provas de que aprendizagens desafiadoras e congruentes modificam a estrutura física do cérebro e sua organização funcional. Em outras palavras, estímulos e desafios à mente podem acentuar o potencial cognitivo, as memórias e as inteligências, antes consideradas atributos genéticos imutáveis.

- Os desenvolvimentos desses estudos envolvendo a aprendizagem iniciam uma época em que a ciência ganha destaque e relevância sobre a prática. Em síntese, o que antes era a ideia de que a prática se transformava em teoria, hoje se percebe que a teoria e as descobertas experimentais e de laboratório modelam novas práticas pedagógicas.

Nos anos iniciais do século XX, a educação se voltava com ênfase para a aquisição de habilidades de letramento, leitura, escrita e cálculos básicos, e não cabia aos sistemas educacionais habilitar pessoas para aprender a pensar, ler criticamente, expressar-se com clareza e solucionar problemas complexos em ciências e matemática. Atualmente, esse aspecto de letramento avançado é exigido de todos para que possam enfrentar com êxito as complexidades da vida. Aumentaram de forma acentuada exigências para a qualificação para o trabalho, assim como as necessidades de que as organizações e os trabalhadores se modifiquem para atender às pressões competitivas do ambiente de trabalho e do mundo globalizado.

Para essa nova educação, importa sentir que o significado de "saber" mudou: não mais expressa a capacidade de lembrar e repetir informações, mas de ser capaz e eficiente de encontrá-las e materializá-las no usá-las e no saber fazer.

É mais que evidente que a amplidão do conhecimento humano impede que ele seja totalmente coberto pela educação, mas esta não pode abdicar de sua nova função: ajudar estudantes a desenvolver as ferramentas intelectuais e as estratégias de aprendizagem necessárias para a aquisição de conhecimentos, pensando de forma produtiva a matemática, as artes, a história, a ciência e a tecnologia. Antes, era saber para expor conhecimentos; agora, saber para formular questões significativas e contribuir para que a pessoa tenha compreensão essencial a respeito de como se aprende e assim se torne um eterno aprendiz, mentalmente independente.

» **X**

A educação, o ensinar e o aprender

"Informação" e "instrução" são termos comuns na ação educativa e muitas vezes parecem indicar ato semelhante, mas, ainda que as diferenças sejam sutis, é essencial que possam ser bem percebidas.

Enquanto a informação é abrangente e envolve ordens, recados, conteúdos conceituais e notícias de qualquer natureza, a instrução visa estabelecer linhas de ação e proporcionar procedimentos. Destacando as circunstâncias dessa diferença, tanto um instrutor quanto um professor ensinam, ainda que não se deva confundir uma com outra ação. A instrução, na maior parte das vezes, descarta a criatividade, e as normas propostas almejam cumprimento restrito e preciso.

A instrução admite a destreza e o desenvolvimento de habilidades, mas exclui o uso desse saber para qualquer contextualização. Quem recebe instruções dificilmente se utiliza delas para transferências ou ações em contextos diferentes da circunstância determinante da instrução. A instrução é essencial à pessoa humana; quanto mais instruída, supõe-se, melhor ela age. É engano acreditar que uma educação avançada excluiu instruções, mas falha ainda maior é acreditar que a missão de ensinar e educar se confunde com a arte de instruir.

Esse tipo de equívoco, injustificável na escola atual, era, entretanto, prática rotineira na educação de alunos há duas ou mais décadas. Eram ensinados a se portar em sala de aula ou no pátio da escola de igual forma como aprendiam ciências, e se alguma diferença se notava entre instrução e ensino é que a primeira era reservada para habilidades técnicas (receber instruções sobre o funcionamento das coisas, a ordem a ser mantida, a maneira de se consertar isto ou aquilo, e outras) enquanto o ensino se voltava para informações e habilidades linguísticas, lógico-matemáticas, científicas, sociais e artísticas. Essa tênue identidade entre instrução e ensino já não cabe no dia de hoje.

Ensinar pressupõe ajudar e apoiar os alunos a confrontar informações significativas e relevantes, estabelecendo relações com uma dada realidade, capacitando-os para reconstruir os significados atribuídos a essa realidade e a essa relação. Podemos, portanto, "instruir" um aluno, fazendo-o memorizar uma fórmula de modo que, sempre que ele se deparar com essa expressão, saberá o resultado; no entanto, quando se "ensina", não apenas se ajuda a perceber a instrução, mas se encaminha o "instruído" a conclusões e transferências que dizem respeito à sua aplicação no mundo real, sua compreensão da realidade espacial e temporal na qual vive e convive. Um instrutor informa; um educador ajuda a aprender e a fazer. Mas, além dessa, também existem diferenças entre instrução e ensino quanto à finalidade ou destino das informações recebidas. Recebemos instrução para realizar determinada tarefa e, dessa forma, somente diante dessa a instrução se justifica. O aluno aprende para viver melhor e para colher informações, confrontando-as com a realidade. Não parece ser necessário escolas para passar instruções; basta bom manual e eventual ajuda de um especialista em sua decodificação. Mas a escola é imprescindível para o ensino como espaço para se pensar e para se refletir, e, sobretudo, para atribuir a essa informação uma realidade consciente; enfim, para aprender.

Aprender, portanto, é processo que se inicia a partir do confronto entre a realidade objetiva e os diferentes significados que cada pessoa constrói acerca dessa realidade, considerando as experiências individuais e as regras sociais existentes. Portanto, um professor somente pode ter certeza de que ocasionou uma aprendizagem quando:

- considera a realidade objetiva ou as circunstâncias que envolvem o aluno;
- sabe quem este aluno é e o que conhece; sabe também o que ele busca saber e para onde pretende conduzi-lo com a aprendizagem;
- ajuda os alunos a confrontar essa realidade com conteúdos conceituais da disciplina que trabalha;
- avalia a associação que o discípulo pode fazer, relacionando suas circunstâncias e os saberes acessados e levando em conta suas experiências individuais e as regras atitudinais e procedimentais vigentes.

Considerando, pois, essa ideia de aprendizagem, pode ela ser feita sem o auxílio do professor, mas isso não diminui a importância de sua profissão. Quando assumem integralmente uma visão consciente sobre a aprendizagem, não apenas ajudam os alunos a se perceber percebendo os outros, mas, efetivamente, ao se valer de conceitos estabelecidos, ensina os alunos a aprender. Assim, a relação entre o ensinar e o aprender e a educação sugere ao professor:

- Conhecimento sobre quem é seu aluno, os saberes que armazena como fruto das experiências que vivenciou e como se relaciona com as regras sociais existentes. Dessa maneira, "conhecer" o aluno não se restringe à capacidade de identificá-lo ou nomeá-lo, mas de se perceber capaz de transformar, ao viver, seu mundo, sua realidade.

- Dominar conteúdos conceituais que pode transmitir, sendo capaz de percebê-lo na sua essência, isto é, na realidade objetiva do momento vivido. Um saber somente importa ser ensinado quando instiga o aluno a uma associação à realidade com a qual convive e aos saberes que já acumulou.

- Identificar em cada aluno esse processo de transferência e associação, abrindo em diferentes aulas momentos significativos de debate com a classe ou com os alunos em grupo, em que são estimulados e convidados a relatar suas experiências, suas associações e as transferências possíveis.

» **XI**

Educação, aprendizagem e compreensão

Um dos pontos de maior destaque dessa nova visão de aprendizagem trazida pela ciência da cognição é a ênfase na aprendizagem associada à compreensão, expurgando a antiga e tradicional aprendizagem que, induzindo à memorização, não transformava informações em conhecimento. A nova visão sobre aprendizagem reconhece que fatos são importantes para o pensamento e essenciais para a solução de problemas, mas reafirma que o "conhecimento que se usa no dia a dia" não é igual a uma listagem desconexa de fatos. O verdadeiro conhecimento, segundo a ciência da aprendizagem, está sempre organizado e associado aos conceitos significativos, mas também aos contextos em que tais fatos são aplicáveis. Saber, por exemplo, que Manaus é a capital do Estado do Amazonas não faz nenhum sentido se não permitir compreender o imperioso desafio de uma cidade que se construiu em um espaço que antes se considerava urbanisticamente inviável.

O foco primordial da verdadeira compreensão acaba por nos levar a uma das mais importantes características da nova ciência da aprendizagem: a ênfase nos processos de conhecimento. Dessa maneira, ao aprenderem conteúdos conceituais, é essencial que os alunos possam transferi-los para habilidades, conceitos e crenças que influenciam o que percebem sobre seu entorno e o ambiente e o modo como organizam e interpretam essa percepção. Se isso realmente ocorre, influencia seus esquemas de recordação, seu raciocínio, capacidade de solução de problemas e inevitável busca de novos conhecimentos.

Em sentido mais amplo, segundo a visão contemporânea da aprendizagem, o sujeito elabora novos conhecimentos com base no que já sabe e no que acredita. A inviável hipótese de pessoa de tal forma alienada que nada sabe e em nada acredita expressa o modelo teórico da pessoa que jamais aprende significativamente.

Essas revelações impõem aos professores uma desdobrada atenção sobre o que os alunos efetivamente sabem, pois entendimentos incompletos, crenças e falsas interpretações ocasionam aprendizagem inútil e inconsequente, válida para responder a desafios mnemônicos em provas mal elaboradas, mas jamais saberes que fecundam e germinam novos saberes. Essa certeza sepulta a tão tradicional ideia das aulas expositivas, que, por si sós, de nada servem à verdadeira aprendizagem. Mas, se isso é verdadeiro, importa também destacar que mesmo em aulas cooperativas, projetos, situações de aprendizagens desafiadoras e propositivas é essencial alguns "momentos de informação" que irão servir para mudar as concepções dos alunos à medida que a continuidade da aula ajuda o aluno a contextualizar essas informações.

Outro fundamento importante conquistado com a nova ciência da aprendizagem destaca a importância de se ajudar os aprendizes a assumir o controle de sua própria aprendizagem, identificando quanto entendem e de quanto mais novas informações necessitam. Antes, o aluno passivamente retinha na memória um acúmulo anárquico de informações dispersas; atualmente é essencial que, ao aprender, possam "aprender a aprender" e, em vez de esperar por avaliações exógenas, descobrir que deverão ser sempre o agente próprio de sua reflexão e autoavaliação.

Em síntese, a mensagem da nova ciência da educação destaca três descobertas com implicações expressivas sobre novas maneiras de ensinar:

- Todos os alunos chegam à escola com ideias preconcebidas sobre como funciona o mundo. Se esse seu entendimento inicial não for consolidado, provavelmente não conseguirão compreender os novos conceitos ensinados. Podem até memorizar mensagens, mas jamais incorporarão saberes à sua vida e leitura de mundo.

- Nesse sentido, cabe aos professores extrair a compreensão preexistente trazida com os alunos e desenvolver seu trabalho a partir dela.

- Para o pleno desenvolvimento de suas competências e com elas materializar em ações e produtos sua aprendizagem, os estudantes necessitam (a) possuir uma base sólida de conhecimentos factuais, (b) compreender plena e significativamente os fatos e as ideias, (c) organizar o conhecimento, tornando mais fácil sua recuperação e aplicação em novos contextos.

A aula do professor deve associar informações factuais e múltiplos desafios e exemplos em que o mesmo conceito se encontra em ação e solidifica a base factual.

É essencial que todos os alunos assumam uma abordagem "metacognitiva" da aprendizagem conquistada para assumir o controle de suas novas aprendizagens e o monitoramento do progresso que objetivam alcançar.

A abordagem metacognitiva da instrução permite aos alunos aprender a assumir o controle de sua própria aprendizagem e não mais recordar-se da escola como o espaço em que suas memórias foram progressivamente preenchidas, mas como ambiente em que aprenderam a aprender.

Não nos parece difícil perceber as consequências decorrentes para a educação da chegada das pesquisas e resultados da nova ciência da aprendizagem: ao produzir conhecimentos que possam melhorar significativamente a capacidade das pessoas de se tornarem "agentes" do próprio processo do aprender e criaturas empenhadas em transferir o que aprenderam para novos problemas e novos cenários, não muda apenas o conceito do "aprender", muda também, de forma significativa, o conceito do "ensinar" e a própria ideia do que realmente busca a educação. Um grande desafio, mas não um desafio inviável.

» **XII**

Aprendizagens e transferências

Sem a aprendizagem, é impossível a qualquer pessoa atuar de forma competente na sociedade em que vive. O instinto ou carga hereditária traz gravado no genoma de cada ser humano saberes que tornam possível a respiração, os movimentos e uma série de condutas que dispensam aprendizagens, mas essa bagagem é extremamente limitada para os desafios do sobreviver.

É evidente que não se ensinam apenas estratégias ligadas à alimentação e ao crescimento, e sim uma série de outros conteúdos igualmente essenciais à vida em sociedade. Esses conteúdos, entretanto, de nada valem sem o processo de transferência, isto é, a capacidade de estender o que se aprende em um contexto para novos contextos. Ainda que essa ação seja essencial, não é fácil ser medida. Podemos aferir se um aluno decorou ou não alguma mensagem, mas precisamos de formação profissional específica para saber como transferirá o que a memória reteve para o cotidiano e para sua eficiente leitura do mundo. Afinal de contas, transferir os conteúdos conceituais das diferentes disciplinas escolares somente ganha sentido se as aprendermos, por exemplo, como quem aprende uma nova língua e pode ler e conversar de forma fluente nesse idioma. Nesse sentido, as características essenciais da aprendizagem e transferência que apresentam implicações importantes para a educação são:

- Sem a aprendizagem inicial, não existe possibilidade de transferência. Quem transfere, transfere alguma forma de aprendizagem.

- As representações abstratas do conhecimento podem ajudar o exercício da transferência; dessa maneira, a aprendizagem, por exemplo, da soma e da subtração, ainda que ocorrida de maneira não concreta, pode ser transformada no uso real dessas operações nas atividades cotidianas da criança.

- Toda nova aprendizagem envolve a transferência que toma por base a aprendizagem anterior, e isso implica que todo ensino necessita sempre partir do que se conhece para o que se busca conhecer.

- É importante levar em consideração o tempo que se leva para aprender. Este varia muito conforme os conteúdos conceituais e procedimentais e o potencial de cada pessoa.

- A motivação é elemento essencial no processo do aprender e do transferir, e recompensas e punições externas influenciam o comportamento do aprendiz.

Ainda que essas considerações pareçam elementos óbvios em todo processo de ensino e aprendizagem, nem sempre uma ação aparece subordinada a outra. No passado, e ainda hoje, muitos professores cumpriam uma programação, explanavam sobre conteúdos conceituais e, ao perceber que os alunos haviam memorizado essas informações, consideravam encerrada sua missão em relação ao conteúdo apresentado, como se este, por si só, implicasse transferências. O processo de transferência, ainda que mais simples para certos itens, é bem mais complexo para outros e, por essa razão, não se justifica que ele não possa ser aprendido. "Em que esses conteúdos conceituais podem influenciar a minha condição de pessoa humana que os aprenderá?" deveria ser um questionamento presente em qualquer estudante, e a resposta deveria estar sempre incorporada à rotina da ação de todo educador.

» **XIII**

A educação e a aula

"Aula" e "educação" não são palavras irmãs. O conceito de educação nos mostra que esta transcende a aula e, portanto, podem existir transformações significativas na pessoa humana sem que esta assista à aula. Assim como pode haver aulas carentes de significações e que não propiciem a interação ente o aluno e o ambiente, induzindo-o a mudanças mentais ou comportamentais relativamente duradouras. Mas se as palavras "aula" e "educação" podem caracterizar um sentido não relacional. Isso não se dá em relação aos conceitos de "escola" e "aula". Não há escola na qual não se ministrem aulas, e, embora possam existir aulas fora do espaço escolar, é neste que elas se fazem mais marcantes, justificando assim a ação de profissionais responsáveis pela organização ou atribuição das aulas.

A existência de aulas em que não se manifestam situações concretas de aprendizagem justifica a ideia popular de que existem aulas "boas" e "más", e é justamente aos esclarecimentos sobre essa diferenciação que este capítulo irá se dedicar. Dessa maneira, toda "boa" aula é o ato pedagógico que concretiza a aprendizagem significativa, a circunstância em que o professor pode propiciar momentos de interação entre o aluno e o saber constituído e, dessa forma, levá-lo a transformações mentais e atitudinais marcantes. Uma má aula, por sua vez, mesmo que se mostre interessante e agradável para os alunos, será sempre imperfeita se apenas prestar um serviço de informação ao estudante, instigá-lo a memorizar as referências ouvidas, não causando nele o desequilíbrio que o faça transformar sua maneira de pensar e agir. A criança provavelmente não dispõe de estruturas vivenciais e mentais que a tornem capaz de identificar se uma aula é "boa" ou "ruim", mas, ainda antes da puberdade, pode-se perceber e constatar sutis alterações e mudanças cerebrais que a fazem refletir, pensar e agir tomando como referência a qualidade da aula recebida. Mas, infelizmente, essas ideias não são trabalhadas com frequência e muitas vezes as afastam da crítica essencial a todo julgamento coerente, ocorrendo quase sempre o mesmo fato – pelo menos no Brasil – com relação aos pais. Estes em geral aplaudem as aulas que os filhos "adoram", sem buscar aferir neles a progressiva mudança da maneira de pensar e de fazer, de agir e de se comportar. Da mesma forma que uma intervenção cirúrgica somente pode ser verdadeiramente avaliada pela relação entre intenção e resultado, a boa aula merece a condição de ser considerada "boa" quando, igualmente, alcança os objetivos de sua intenção.

Essa constatação, entretanto, não significa afirmar que o regente não deve tornar sua aula atraente, desafiadora e interessante, pois somente com a mobilização dessas ações em seus alunos é que, efetivamente, pode transformá-los, mas é importante o cuidado em perceber se esse nível de atração, desafio e interesse foi efetivamente canalizado para produzir mudanças e transformações. Em síntese: boa aula é todo ato pedagógico que induz mudança, e somente profissionais bem preparados dispõem de informações e meios essenciais para esse procedimento.

Ao se chegar a esse ponto, alcança-se uma situação que, segundo nossa maneira de ver, representa o ponto crítico mais difícil para a popularização e regência de aulas de qualidade: a estratégia de ensino preferida pelo professor. A maior parte dos professores brasileiros consagrou, há muitos anos, a "aula expositiva" como a situação de aprendizagem dominante, e essa popularização leva muitos professores até mesmo a ignorar outras estratégias de ensino, outras formas de organizar situações de aprendizagem. Esse quase "monopólio" da aula expositiva, na qual poucas vezes se caminha além de "informações" que induzem a memorizações, não propicia as condições ideais para a função do mestre de atuar como mediador entre o saber e o aluno, induzindo-o a mudanças significativas. Mas cabe destacar que existem maneiras de organizar aulas expositivas excelentes, bem como eleger outras situações de aprendizagem frustrantes. Portanto, o grande mal da aula brasileira, de maneira geral, está em seu eventual afastamento dos propósitos de uma aprendizagem significativa e, portanto, transformadora, e não apenas na eleição por parte do professor desta ou daquela estratégia de ensino.

O desejável são aulas que proponham desafios e estimulem buscas, reafirmem diálogos, provoquem inquietações, explorem linguagens, permitam o fluir de competências e as alternem no uso de múltiplas habilidades. Aulas nas quais o aluno seja, enfim, mais protagonista que espectador, que ouça, mas opine, sinta-se desafiado, mas desafie também, exercite aptidões cerebrais diferentes, trabalhando suas memórias e suas inteligências, e saia da aula descobrindo-se modificado e fazendo uso dessa nova maneira de ser em outros processos e procedimentos do agir. Aulas que, sobretudo, levam o aluno a aprender a aprender; saber compartilhar e transformar o saber em fazer são sempre excelentes, não importando muito o "rótulo" que se dê às estratégias.

Com o objetivo de reforçar a crítica ao exclusivismo das aulas expositivas nas escolas brasileiras através de breve metáfora, transcrevemos uma crônica do autor:

> A cena se passa em ambulatório médico para pobres e desvalidos. Na sala apertada, esparramados pelos bancos, doentes aguardam atendimento. Em um canto, geme a velha senhora atormentada por seu teimoso reumatismo, e, ao seu lado, choramingando, está o infeliz bebê com dor de barriga. Mais adiante, com olhar gelado, o galanteador esfaqueado sangra de corte aberto no peito enquanto à sua frente sofre o bondoso velhinho preso às dores insistentes de seu terrível ácido úrico. Existem mais pacientes, nenhum igual a outro. Ainda que eventualmente dois ou três fossem portadores do mesmo mal, não seriam iguais, pois cada moléstia reage à genética e aos hábitos de cada um. Começa o atendimento, e a obesa enfermeira anuncia o primeiro. A médica apressada ouve suas queixas e rabisca uma receita, dispensando-o. Chega o segundo, depois o terceiro e

todos os outros. Queixas e lamúrias diferentes, mas na receita passada sempre o mesmo remédio. É possível imaginar cena mais absurda que essa? Será que, finalmente, se descobriu a propalada "panaceia", droga que no passado se afirmava ser capaz de curar todos os males? Ou, então, será que na pressa do atendimento a médica violenta a si e a seus estudos, menospreza seus pacientes e em nome de sua pressa finge salvar, imagina que cura, sabendo que engana a si mesma enganando os pobres que vê?

Não importa a resposta. A cena é absurda, e espera-se que não exista em parte alguma do mundo ambulatório com tão inglório atendimento. Mas, se a cena causa estranheza pela situação absurda, ela se repete todos os dias em inúmeras salas de aula do Brasil inteiro. Os conceitos curriculares a serem ensinados pelos professores segundo a programação prescrita podem ser os mesmos para todos os alunos, iguais para a classe inteira, mas a uniformidade para nesse ponto. Os alunos são, e sempre o serão, absolutamente diferentes. Diferentes na maneira de pensar, diferentes nas histórias genéticas, diferentes nos experimentos prévios de aprendizagem, diferentes pelo ambiente familiar muito ou pouco estimulante. Apesar dessa reconhecida diversidade, não se questiona que a aula deva ser igual para todos e, pior ainda, que sejam todos avaliados pelos mesmos processos e instrumentos. A cena ambulatorial descrita é absurda, mas é válida sua comparação a uma sala de aula convencional. O propósito desta crônica é refletir e mostrar que uma sala de aula – qualquer sala de aula – reúne cabeças diferentes que, portanto, precisam de estratégias que as respeitem. Não se trata da ingênua tolice de um professor para cada aluno, mas da vontade de mostrar que é possível a um bom professor ministrar aula e promover significações respeitando a diversidade, incluindo "diferentes".

Não se pode esperar que na cena mostrada acima qualquer paciente se cure senão por si mesmo; não se pode crer que aulas padronizadas para cabeças diferentes produzam aprendizagens, senão por si mesmo. Não é hora de pensar em uma solução?

» **XIV**

As aulas e seus diferentes formatos

A proposta do presente capítulo é sugerir outros formatos para o conceito convencional de aula. Essas ideias se inspiraram em fundamentos e propostas observados nas obras de Jean Piaget, John Dewey, Maria Montessori, Célestin Freinet, Anísio Teixeira, Paulo Freire. Foram adaptadas à realidade atual através de múltiplas aplicações realizadas por mais de quarenta anos pelo autor a alunos de escolas públicas e particulares do Ensino Fundamental e Médio da cidade de São Paulo.

1. Uma (boa) aula expositiva?

Você já percebeu que a aula expositiva é uma excelente "ferramenta" de ensino. Fato que não significa afirmar que deva ser a única ferramenta utilizada pelo professor. Uma sala de aula deve ser espaço para se ministrar muitas aulas expositivas, mas também para se aplicar outras e diversificadas situações de aprendizagem. Acreditamos que, para que uma aula expositiva possa ser considerada "uma aula bem ministrada", é essencial que ela provoque "aprendizagens significativas", da mesma forma que uma intervenção médica possa ser considerada uma boa intervenção quando leva o paciente a reconquistar a saúde. Não pensamos que as propostas apresentadas devam ser assumidas de forma ritualística – são encaradas com o cuidado de se aferir se o que está sendo apresentado é compatível com o jeito de ser do professor, sua forma de trabalhar, lembrando que toda "boa aula" é aquela na qual os alunos compreendem e podem transferir os conteúdos conceituais adquiridos.

Dessa maneira, para que o aluno efetivamente aprenda através de uma aula expositiva, é importante lembrar sempre de:

- Conquistar a *atenção do aluno* mostrando o assunto que vai ministrar e a maneira como esse assunto, de uma forma ou de outra, está ligado à vida dele. Desperte, com perguntas intrigantes e curiosas, a vontade do aluno de saber o que vai ser ensinado.

- Ao escrever o *título do assunto na lousa*, buscar ligar o tema aos conteúdos já sabidos pelo aluno. Lembre-se de que uma nova aprendizagem faz-se sempre "enganchada" em saberes que já se possui. Fale sobre esses "ganchos" e mostre que o que vai ser apresentado se apoia em coisas que o aluno sabe, apreendidas em aulas anteriores ou percebidas na vida que se leva e no cotidiano que se enfrenta.

- Organizar o *plano de assuntos a serem expostos*. Escreva na lousa – ou use transparências – os diferentes capítulos da aula que vai ser apresentada. Esse plano representa a *estrutura cognitiva da aprendizagem* e, portanto, deve refletir os elementos essenciais que serão expostos, na sequência em que o professor os apresentará.
- Com o plano escrito na lousa, destacar as *ideias--âncora*, isto é, os pontos fortes do assunto que vai ser apresentado. Nessa conversa com a classe, faça um pequeno resumo, destacando as partes mais importantes do conteúdo e as palavras-chaves existentes nele. Se quiser, pode sublinhá-las ou escrever de outra cor.
- Explicar aos alunos *as semelhanças e as diferenças* entre as principais ideias do tema. Se, por exemplo, você for narrar um evento que possui "causas" e "consequências", brinque com eles, mostrando, nas ações do dia a dia, quando uma ação é "causa" e por que ela gera sempre uma "consequência".
- Relatar o tema. Passando de "capítulo" a "capítulo" da referência do plano, explique cada um deles, nunca avançando para o item seguinte se não tiver certeza de que não persistem dúvidas. Interrogue os alunos e mostre que em toda aula existe a "hora de ouvir", mas há também "momentos para perguntar". Se puder, faça uma pausa entre um capítulo e outro e

proponha questões sobre o tema a que os alunos responderão em duplas.
- Ao terminar a exposição, ajudar os alunos a comentar o tema usando habilidades operatórias diferentes. Por exemplo: "Guilherme, faça uma *síntese* do que você aprendeu!"; "Solange, vamos ver se você pode *descrever* uma parte do tema."; "Marcos, faça a *análise* de uma ideia do tema que tenha chamado sua atenção..." E assim por diante. Lembre-se de que o aluno aprende melhor quando *compara, analisa, sintetiza, classifica, relata, julga, contextualiza, experimenta* etc.
- Repassar o tema, orientando o aluno a desenvolver sua memória, sua emoção, sua linguagem, sua atenção, sua motivação e sua ação.
- Concluir a aula destacando as ideias mais importantes, esclarecendo dúvidas pendentes, estabelecendo relações entre as ideias apresentadas e os temas futuros... Converse com os alunos, indague se compreenderam o que foi passado, veja se podem contextualizar o tema com assuntos do dia a dia. Uma boa aula é como uma consulta médica eficiente: não basta que o paciente saia satisfeito, mas com mais saúde; mais importante que gostar da aula, o aluno deve efetivamente aprender.

As atividades propostas a seguir envolvem sempre formatos protagonísticos em grupo, essenciais por seu valor na consolidação de aprendizagens cooperativas e, sobretudo, porque o mundo do trabalho, para o qual o aluno se encaminha, há muito já assumiu a plena consciência de que toda ação empreendedora envolve a ação sistêmica das pessoas.

Vivemos em grupo e sempre trabalhamos em grupo ou para grupos; nesse sentido, não se justifica a prevalência exclusiva de aulas ritualizadas, rotineiras, estáticas e monolíticas que privam o aluno de ações protagonísticas e não lhe ensinam o insuperável desafio de aprender a conviver.

2. Aulas em que se trabalha com grupos

Jogo de Palavras

O primeiro passo para o uso dessa estratégia será garantir que os alunos tenham conhecimento e estudo sobre o tema a ser trabalhado, conquistando-o através de uma leitura ou de outro processo de informação. O segundo passo será organizar os alunos em duplas, trios ou quartetos, para que debatam e troquem ideias sobre seus conhecimentos ou dúvidas; finalmente, organizar, com critério e acuidade, uma, duas ou três sentenças sobre o assunto escolhido que representem ideias-âncoras essenciais à compreensão do tema trabalhado. Após a seleção dessas sentenças, fragmentá-las em palavras, que serão escritas em um pequeno quadrado de papel. Mais fácil é quadricular uma folha antes, escrever as palavras em cada um dos quadrados e somente depois cortá-la. Esse emaranhado de palavras, amontoadas ao acaso e unidas fora de ordem, compõe o recurso material do Jogo de Palavras.

Com cópias suficientes desse material para todos os grupos formados na classe, basta entregá-las aos alunos, destacando que a tarefa, tal como quem monta um quebra-cabeça, será ordenar as frases, emprestando-lhes sentido lógico, sem, entretanto, poder mudar gênero, número e grau das palavras. Ao se empenharem no desafio que essa atividade propõe, os alunos encontrarão motivação por ver substituída sua postura passiva de ouvinte pela ação protagonística e solidária. Em vez de alunos colocados de forma passiva diante de um texto, os grupos estariam exercitando esquemas de assimilação numa atividade desafiadora.

Autódromo

O Autódromo é também uma alternativa desafiadora. Embora cause motivação, interesse, envolvimento e participação dos alunos, a frequência de seu uso pode desgastá-lo, razão para que se use de forma alternada com outras estratégias. Para essa atividade, os alunos devem estar organizados em grupos e cada um deles deve abrigar um mínimo de quatro e um máximo de sete componentes. Com as equipes constituídas, o professor explica o(s) tema(s) ou conteúdo(s) que serão cobrados durante o Autódromo. A atividade requer que o professor organize uma listagem de questões sobre o assunto trabalhado, agrupadas duas a duas, como no exemplo abaixo. Como cada questão pode ser verdadeira (V) ou falsa (F), as duas juntas permitem quatro respostas possíveis:

- **VV** – As duas questões são verdadeiras
- **VF** – A primeira questão é verdadeira e a segunda, falsa
- **FF** – As duas questões são falsas
- **FV** – A primeira questão é falsa e a segunda, verdadeira

Com dez a quinze questões duplas e naturalmente circunscritas ao tema estabelecido para a atividade, o professor dispõe do recurso que utilizará no Autódromo.

Solicita, a seguir, que cada grupo prepare em meia folha de papel, com giz colorido, quatro papeletas, onde aparecem com destaque as alternativas possíveis de respostas (VV – VF – FF – FV).

Uma ação docente essencial à qualidade do Autódromo é o cuidado no preparo das afirmações verdadeiras ou falsas. Estas devem se afastar de respostas alcançáveis pela memorização ou aprendizagem mecânica e suscitar reflexão, raciocínio lógico, capacidade de análise e transferência de informações em efetivo conhecimento. Organizada a lousa para o Autódromo, escreva o nome das equipes, um abaixo do outro, como mostra o exemplo:

EQUIPES	100	200	300	400	500	600	700	800	900	1.000
VERDE										
AMARELA										
AZUL										
VERMELHA										
BRANCA										
LARANJA										

Com a "pista" desse imaginário Autódromo desenhada na lousa, cada grupo, com suas quatro papeletas, e o professor, com a relação das questões em mãos, podem dar início à atividade. Antes de iniciá-la, entretanto, o professor passará em cada equipe, começando pela que tiver mais alunos, e atribuirá aleatoriamente a cada um deles uma letra do alfabeto. Assim, um aluno será A, o outro, B, e assim por diante. Procederá da mesma forma nas demais equipes; caso uma delas tenha menos alunos, um mesmo aluno ficará com duas letras. Por exemplo: a equipe Verde possui seis alunos, portanto um aluno será A, o outro, B, até o último, que será F. Dirigindo-se à equipe Amarela e percebendo que nela existem apenas quatro alunos, um deles será A e F, o outro, B e

E, o terceiro, C, e o quarto, D. Agindo dessa forma, cada equipe contará com representantes para todas as letras atribuídas. Providências tomadas, inicia-se o Autódromo.

O professor lê a primeira questão, concede às equipes de dez a quinze segundos para optarem por uma das quatro soluções possíveis e, após esse tempo, dá um sinal avisando que o prazo terminou. Chama, a seguir, uma letra, por exemplo, C, e os alunos de todas as equipes que tiverem essa letra deverão ficar imediatamente em pé, com uma das quatro papeletas escolhida e voltada contra o peito. A seguir, o professor chama cada uma das equipes, e o aluno exibe a papeleta que representa o que acredita ser a resposta correta. O professor anota essa resposta na lousa, sem anunciá-la como certa ou errada, e após a manifestação do último grupo anuncia a resposta correta. Em seguida, marca no espaço da lousa os grupos que acertaram e passam a fazer jus a cem pontos. Vamos supor que apenas as equipes Amarela e Branca acertaram. A lousa ficará assim:

EQUIPES	100	200	300	400	500	600	700	800	900	1.000
VERDE										
AMARELA	X									
AZUL										
VERMELHA										
BRANCA	X									
LARANJA										

Registrado o desempenho das equipes, faz-se a segunda questão, e assim sucessivamente, até o final da aula.

O sucesso do Autódromo depende sempre da qualidade das questões organizadas. Uma relação de questões apenas memorativas em nada contribui para a aprendizagem dos alunos, mas o professor que prepara questões intrigantes e desafiadoras obterá empenho, interesse e, sobretudo, aprendizagem.

Jogo do Telefone

O Jogo do Telefone é outra situação de aprendizagem desafiadora que possui a propriedade de despertar envolvimento, interesse, criatividade e plena participação dos alunos. Para a realização dessa atividade, é necessário que o professor prepare um diálogo telefônico imaginário entre duas pessoas (vivas ou mortas, reais ou imaginárias), abordando o assunto escolhido para a atividade. Veja o exemplo. É essencial que o diálogo proposto envolva desafios reflexivos, explore diferentes habilidades operatórias (comparar, analisar, classificar, sintetizar, relacionar e outras) e, sobretudo, provoque estímulos à criatividade dos grupos, relacionada à capacidade de uma argumentação lógica e contextualizada com o tema proposto pelo professor.

Por exemplo:

VANESSA: Oi, Cláudio. Você poderia dizer o que vai cair na prova de história amanhã?

CLÁUDIO: Pois não, Vanessa. A professora vai organizar questões sobre os primeiros cinquenta anos da história do Brasil. Portanto você deve estudar desde as grandes navegações dos séculos XV e XVI e passar pelo descobrimento do Brasil e a organização das capitanias hereditárias...

VANESSA: Puxa! É bastante matéria, e creio que estou um pouco perdida em relação às grandes navegações. O que esse tema, que não aconteceu no Brasil, tem a ver com as capitanias hereditárias...?

Como destaca o exemplo, o diálogo imaginário prossegue com cada um dos personagens apresentando umas oito a dez falas, até encerrar-se a conversa. Com o diálogo telefônico bem organizado, basta preparar uma cópia para cada equipe, tomando, entretanto, o cuidado de apresentar a fala de apenas um dos personagens (Cláudio e Vanessa), cabendo aos alunos, organizados em grupos, construir a fala do outro personagem, baseando-se nos elementos de que dispõem. A tarefa de cada um dos grupos não é tentar "adivinhar" o texto originalmente preparado pelo professor, mas, tomando por base as colocações de um dos personagens, criar uma estrutura lógica e contextualizada ao tema da sequência do diálogo. É evidente que a resposta de um grupo jamais será idêntica à de outro, mas pode revelar qualidade se no trabalho existir coerência e envolvimento lógico. O Jogo do Telefone, quando desafiador, requer de cada equipe pleno domínio dos conteúdos conceituais, raciocínio lógico e muita criatividade.

Além dessas estratégias, inúmeras outras podem ser propostas. Consulte a bibliografia relacionada no final deste volume.

Transformando pontos ganhos pelas equipes em notas

Caso o professor pretenda desenvolver jogos operatórios e situações de aprendizagem sem lhes atribuir valores que sejam transformados em notas, pensamos estar agindo de forma tão acertada quanto outro que decide fazer dos jogos operatórios uma forma de obter notas mais elevadas. A nota atribuída pelo professor vale somente como referência para que o aluno ou o grupo acompanhe seu desempenho, jamais sendo critério para selecionar bons ou maus alunos. O principal compromisso do professor em relação aos alunos é com a aprendizagem significativa e com a nota que atribui apenas um valor que expressa essa aprendizagem; portanto, a transformação de pontos ganhos pelas equipes em notas constitui decisão do professor, que poderá dispensá-la caso acredite que os alunos estejam aprendendo de forma significativa. Se, entretanto, acreditar que o desempenho dos alunos nas situações de aprendizagem cooperativas desenvolvidas resultou de um esforço significativo e pretender destacar a diferença entre os que se esforçaram mais e menos, sugerimos algumas propostas de transformação de pontos em notas. Alguns, por exemplo, combinam com a classe que o primeiro lugar em desempenho nos diferentes jogos pode valer um ou dois pontos na avaliação final; dessa forma, eles atribuem pontos sem, entretanto, estabelecer uma relação direta entre cada atividade e o desempenho revelado. Outra forma de avaliação consiste em somar os pontos obtidos pelos grupos nas atividades propostas, tal como equipes que disputam um campeonato, chegando a uma classificação. Por exemplo: durante um bimestre, o professor trabalhou com a classe ministrando aulas expositivas diversas e ainda aplicou, por exemplo, o Jogo de Palavras, o Autódromo e o Jogo do Telefone. Totalizou os pontos e o resultado final do bimestre foi:

EQUIPES	J. DE PALAVRAS	AUTÓDROMO	J. DO TELEFONE	TOTAL
VERDE	500	400	500	1.400
AMARELA	600	500	600	1.700
AZUL	300	400	400	1.100
VERMELHA	400	500	300	1.200
BRANCA	600	300	600	1.500
LARANJA	600	600	600	1.800

A equipe que mais pontos alcançou no bimestre foi a equipe F, com 1.800; nessa circunstância, merece receber a nota mais alta (que pode ser 10). Considerando que 1.800 pontos equivale a 10, uma regra de três simples revela que cada 180 pontos conquistados por qualquer equipe devem equivaler a 1.

Portanto:

EQUIPES	RELAÇÃO NOTAS/PONTOS
VERDE	1.400 = 7,7 (pois 1.400/180 = 7,7)
AMARELA	1.700 = 9,4
AZUL	1.100 = 6,1
VERMELHA	1.200 = 6,6
BRANCA	1.500 = 8,3
LARANJA	1.800 = 10,0

Considerando esse exemplo, cada aluno de cada equipe, se tivesse participado de todos os jogos operatórios, teria direito à nota recebida pela equipe. Fica a critério do professor descontar ou não do aluno que não tenha participado de um ou de outro jogo os pontos auferidos pela equipe durante a aplicação. Os pontos ganhos pelos alunos nessa atividade poderiam compor uma de suas notas, a qual teria o peso correspondente, atribuído pelo professor. Seria, assim, possível o professor atribuir, por exemplo, peso 7 para as provas individuais e 3 para a participação dos alunos em jogos operatórios ou outras situações de aprendizagem cooperativas, ou não.

» **XV**

O que observar quando se trabalha com equipes?

Édesnecessário dizer que uma das mais importantes funções de toda escola é a ação socializadora, seu insubstituível papel em fomentar amizades, desenvolver uma concepção sistêmica de produção e trabalho e estabelecer relacionamentos significativos. No âmbito estritamente familiar, quando a família é sólida, o desenvolvimento pessoal desabrocha-se isento de muitas críticas, o sentimento de afeto que se manifesta muitas vezes encobre as atitudes educadoras de restrição ou repulsa, e sobra para o estudante, na escola, o desafio de se fazer aceito, de fortalecer relações e solidificar companheirismos. Essa imprescindível lição de vida ocorre muitas vezes no pátio, na hora do intervalo ou no entorno escolar, nas reuniões da turma, nos infindáveis bate-papos que antecedem ou precedem a aula. Nada, entretanto, deve impedir que essa formação ocorra também dentro da sala de aula e que dela possam ser extraídas lições sólidas dos relacionamentos interpessoais e da construção de amizades. Para isso, entretanto, a integração de dois fatores mostra-se essencial.

O primeiro fator é o trabalho em grupo, o desenvolvimento de projetos, a ação continuada e progressiva em torno de um desafio ou experiência que exija cooperação e interação. Se, de forma retrógrada, como há cinquenta anos se fazia e hoje muitas vezes ainda se imita, o professor apenas fala para os alunos, que, enfileirados, fingem que ouvem, é evidente que a sala de aula se opõe à solidariedade e passa a simbolizar espaço de exceção à verdadeira função solidária e educativa que a escola deve proporcionar. O trabalho em grupo, ao contrário, quando bem conduzido, simula a realidade, e ao imitar a vida compõe a estrutura que em outros espaços se exercitará. A família, o emprego, as redes sociais, a aventura não são, por acaso, ações dinâmicas de grupos?

O segundo e bem mais importante fator é a competência do professor em avaliar o desempenho dos alunos, não apenas na consecução ou não do projeto ou situação de aprendizagem desenvolvida, mas na ação solidária, em sua integração para ser efetivamente "alguém que aprendeu a trabalhar em grupo". Nesse caso, uma ficha de observação progressivamente construída constitui sólido roteiro não apenas para registro, mas para saudáveis intervenções de orientação aos que apresentam mais dificuldades. Quais elementos, entretanto, seriam importantes nessa ficha de observação? Propomos alguns que, pouco a pouco, podem evoluir para inúmeros outros, pontuais a cada caso:

- O aluno mostra-se capaz de trabalhar em convivência próxima e solidária com seus colegas durante longo tempo?
- Mostra-se interessado no que ouve dos outros e sabe acatar ideias diferentes das suas?
- Sabe superar eventuais situações de desconforto material ou controlar a impaciência por sentir que não se aproxima do resultado esperado?
- Mostra-se persistente e não desiste das tarefas que deve fazer, mesmo quando submetido a condições emocionais ou ambientais não muito favoráveis? É o caso, por exemplo, de perceber se sua equipe retarda-se em soluções que outras já alcançaram.
- Não se furta de expor suas emoções mais íntimas e seus sentimentos quando convidado ou revela-se reservado quanto a esses pensamentos?
- Sabe avaliar o estado de espírito dos colegas, compreende diferenças em suas personalidades, aceita-os como diferentes e mostra sensibilidade na ajuda?
- Associa a criatividade e a ousadia ao pensar inusitado, mas mostra-se cuidadoso no emprego dessas iniciativas?
- Mostra-se expansivo no relato das experiências realizadas, mas sabe adaptar suas mensagens ao tempo considerado necessário?

Desnecessário lembrar que é muito difícil esperar que tais condutas aflorem espontaneamente nos alunos; mais difícil ainda é crer que, serenamente orientados sobre esses itens, seguramente avaliados sobre eles e percebendo que possíveis desvios constituem diagnóstico para sua superação, não se modifiquem nem descubram que sua escola e seu professor não apenas exercitam e praticam saberes, mas realmente os preparam para a essencial relação interpessoal.

» XVI
Educação e conteúdos

"**C**onteúdo" em um sentido linear expressa algo que "contém alguma coisa". A água que colocamos em um copo constitui seu conteúdo, e, nesse sentido, sem conteúdos conceituais, não há o que ensinar. Quem ensina e quem necessita aprender precisam aprender coisas, e essas coisas representam os conteúdos. Os conteúdos concebidos como fundamentos de uma educação, formal ou não, se agrupam em três categorias: conceituais, procedimentais e atitudinais, e ainda que se possa em qualquer educação se iniciar por uma ou outra categoria, as três se interligam e completam.

Todos os conteúdos necessitam de uma base teórica, que são os "conceitos". Estes, por sua vez, se inspiram sempre na vida, sejam eles intelectuais, científicos, filosóficos, lógico-matemáticos ou outros. Os conteúdos conceituais, portanto, se referem à construção cognitiva e ativa das capacidades intelectuais da pessoa e são essenciais para operar símbolos, imagens, ideias e representações que permitam a essa pessoa perceber a realidade. É através de conceitos que todo ser humano desenvolve sua compreensão e leitura do mundo que o rodeia e que se capacita para sua exploração.

Quando, por exemplo, um bebê estica o dedo e aponta para sua mãe "sabendo" a quem se refere, ele adquiriu um conteúdo conceitual, da mesma maneira como um estudante aprende a somar ou subtrair, explicar o que é uma ilha ou usar singular e plural.

Os conteúdos procedimentais se referem ao fazer ou agir construindo instrumentos para que a pessoa possa analisar, por si mesma, os resultados que obtém e os processos necessários para colocar em ação para alcançar as metas que se propõe. Quando, em outro exemplo, o bebê recusa o remédio amargo e mostra que gosta da solução doce, está revelando que sua experiência permitiu essa "análise" e que, assim, ele prefere ou não o que lhe é dado. Os conteúdos atitudinais, por sua vez, referem-se à formação de atitudes e valores em relação à informação recebida, visando à intervenção em sua realidade. Voltando ao bebê, a maneira como sorri e expressa contentamento ao ser acolhido no colo mostra como "aprecia" o ato da acolhida. Considerando que toda educação implica inevitavelmente uma transformação da pessoa, percebe-se que essa mudança ocorre quando ativa a capacidade intelectual dela e ela acolhe e compreende informações, mas também quando ela pode perceber essas informações em sua relação com o ambiente e com outras pessoas, e, finalmente, pode vivenciar e dar corpo à informação, tornando-se assim um ser pensante de suas próprias atitudes, amadurecendo e descobrindo-se membro de uma sociedade em que precisa viver e conviver. Os conteúdos procedimentais também podem se apresentar com um caráter especificamente profissionalizante, que visam à compreensão do ofício e auxiliam no processo da opção profissional imediata ou futura.

Com essas informações, volta-se agora à transformação do indivíduo em pessoa e como os conteúdos se interligam. O aluno que, por exemplo, aprende a somar e diminuir e conquista, assim, um breve conteúdo conceitual saberá fazer uso dessa informação para contar seus amigos e seus brinquedos. A operação aritmética foi conteúdo que se fez procedimento e, na vivência da criança, ajuda-a a fundamentar regras, normas e valores. Mas infelizmente nem sempre é assim na escola, no lar e em outros espaços de aprendizagens. Algumas vezes se percebem normas éticas sendo ensinadas como conteúdos conceituais que normatizam procedimentos, mas a consciência sobre o porquê deles não é ensinada, e não raramente se constatam aprendizagens de conceitos desvinculadas de seu uso no "fazer" e de sua essência no "ser".

Infelizmente, essa interdependência entre os conteúdos nem sempre se manifesta numa aula convencional ou mesmo num conselho ministrado no lar ou em outro ambiente. Ao ensinar regras gramaticais, por exemplo, o professor preocupa-se mais com o "conhecer" do que com o "usar", esquecendo-se de que todo bom uso pressupõe convívio e que essa ação abriga normas e regras morais; muitas vezes, ao proibir o filho ou a filha de certas ações, o pai ou a mãe não se demonstra preocupado com a efetiva compreensão da regra e consequente transformação da pessoa.

A busca de conceitos para explicar as três categorias de conteúdos não podia abrir mão de alguns verbos; dessa maneira, escolhemos "saber", "analisar" e "comparar". O verbo é uma classe de palavra que indica "ação", "materialização" e assim é ato educativo e transformador. Apenas como ilustração dessa ideia é que propomos, na página ao lado, o Quadro III, realçando a diferença entre os tipos de conteúdo e as ações que os tornam "vivos" e, assim, essenciais à transformação da pessoa.

Quadro III

CONTEÚDOS	OBJETIVOS	AÇÕES
CONCEITUAIS: Aprender a aprender e a conhecer, saber interagir e conviver.	Desenvolver as competências do educando nas suas relações com símbolos, expressões, ideias, imagens, representações e nexos com os quais ele aprende e ressignifica o real. As competências se materializam através do ato reflexivo de conteúdos específicos dos programas curriculares, em situações desafiadoras e problematizadoras.	Identificar, reconhecer, classificar, descrever, comparar, conhecer, explicar, relacionar, lembrar, analisar, inferir, generalizar, comentar, interpretar, concluir, esboçar, indicar, enumerar, assinalar, resumir, distinguir, aplicar, situar (no espaço e no tempo) e muitos outros.
PROCEDIMENTAIS: Aprender a fazer e transformar saberes em ação.	A aprendizagem desses conteúdos envolve o processo de ensino, articulando-se em três eixos distintos: construção de pensamento lógico, domínio de ações pedagógicas e conhecimentos, e se materializa em ações compartilhadas visando ampliar a capacidade reflexiva do aluno acerca da realidade complexa e contraditória, adotando uma visão sistêmica e um compromisso coletivo e interativo com vistas na construção coletiva de um projeto político-pedagógico.	Confeccionar, manejar, construir, utilizar, coletar, aplicar, representar, experimentar, testar, elaborar, simular, demonstrar, compor, executar, construir, saber distinguir e inúmeros outros.
ATITUDINAIS: Aprender a ser.	Ações que envolvem valores, atitudes, posturas, normas e que influem nas relações e nas interações dentro e fora do espaço escolar. Estão presentes na visão ideológica e na geração de atitudes reflexivas relativas ao conhecimento em relação às pessoas, às disciplinas e à sociedade.	Respeitar, apreciar, tolerar, ponderar, aceitar de forma analítica e crítica, praticar, conscientizar, agir, perceber, sensibilizar-se, ter autonomia, preocupar-se com, escolher e muitos outros.

» **XVII**

Educação e método

Entende-se por "método" a sequência de operações com vistas em determinados resultados, ou, em seu sentido mais antigo e habitual, o caminho para se chegar ao fim. Método é também um programa que antecipadamente regulará uma sequência de operações a executar, a fim de atingir determinado resultado, incluindo o modo de proceder.

Pensando assim, é impossível a educação sem um método, pois ninguém pode chegar a algum lugar sem os caminhos que o levem a ele. É por essa razão que a palavra "método" em educação geralmente se faz acompanhar de outra que o sugere; portanto, são comuns as referências ao método Cousinet, inspirado em Roger Cousinet, que propunha levar aos alunos atividades espontâneas comuns a todas as crianças, observando-se sua vida pessoal e social; o método montessoriano, apoiado nas estratégias de ensino e aprendizagem propostas por Maria Montessori; o método Paulo Freire, que propôs um processo de alfabetização baseado em uma visão antropológica de cultura e no pressuposto de que o trabalho educativo deve ser "com a pessoa", e não, como tradicionalmente se pensava, "para a pessoa", e inúmeros outros.

É tão essencial a relação do método de ensino utilizado com os objetivos e expectativas que todo professor possui em relação ao seu trabalho que causa estranheza a pouca atenção com que geralmente a formação de professores aborda esse tema. Quando recentemente, em uma sala de professores, e com o simples objetivo de se aferir a relação entre um conceito e as práticas pedagógicas desenvolvidas, interrogou-se: qual o método está sendo utilizado em sua ação docente?, fiquei impressionado com quão poucos deles identificaram com clareza a distinção entre esse uso e seu projeto de ensino. Não raramente, alguns afirmam não adotar "método algum"; com maior frequência, confundem essa palavra com outros termos e apresentam respostas que revelam desconhecimento real entre causa e efeito.

É perfeitamente possível discutir qual é o mais e o menos eficiente método para o ensino de línguas estrangeiras para crianças, por exemplo, como é possível divergir sobre o mais eficiente método para a alfabetização de adultos, mas é certo que, sem um método, nada se ensina, como em outras profissões – sem método, não se edifica uma casa nem se constrói uma ponte, não se conduz um veículo nem se pratica uma intervenção cirúrgica. De igual forma, na vida pessoal, sem método, não se cozinha, não se costura nem mesmo um banho se toma.

» **XVIII**

Educação por meio de projetos

Do ponto de vista pedagógico, um projeto poderia ser definido como uma pesquisa específica ou uma investigação desenvolvida em profundidade, sobre um tema claramente delineado e com objetivos a serem aferidos. Pode ser desenvolvido por um estudante, por uma dupla ou por um grupo, não sendo incomuns situações em que a classe inteira se envolve nele. Pode ainda ser realizado por duas ou mais classes ou até mesmo, em determinadas condições especiais, por todos os alunos da escola integrados na busca e concretização dos objetivos estabelecidos. É, portanto, um esforço investigativo que busca respostas convincentes, encontradas pelos alunos e orientadas pelo professor ou por uma equipe de professores. É possível o emprego de uma metodologia na qual todo o plano e o trabalho curricular da escola sejam alcançados por meio apenas de projetos – é o que ocorre efetivamente em muitos países. No Brasil, é bem mais comum que essa metodologia seja desenvolvida de maneira não sistemática, ainda que em momentos claramente estabelecidos. Em inúmeros pontos, o trabalho com projetos diferencia-se muito quando confrontado com a ritualística tendência brasileira das aulas expositivas. O Quadro IV, abaixo, sintetiza essas diferenças.

Quadro IV

AULA EXPOSITIVA CONVENCIONAL	PROJETO
Faz do aluno um espectador de citações que busca dominar, quase sempre memorizando, pois sabe que seu uso se restringe às provas que fará.	Transforma o aluno em protagonista efetivo, fazendo dele um descobridor de significados e transformando sua aprendizagem em domínios experimentais.
O aluno faz uso de algumas poucas habilidades operatórias, geralmente não sistematizadas. Em geral, ouve, analisa, sintetiza e descreve o que pôde reter.	O aluno faz uso de elenco expressivo de habilidades operatórias sistematizadas pelo professor. Pesquisa, analisa, sintetiza, compara, classifica, localiza, relaciona, contextualiza e outras mais.
Ao individualizar a participação do aluno, trabalha suas dificuldades de compreensão de maneira ocasional ou acidental.	Ao socializar a participação do aluno, permite que suas limitações sejam assumidas pelo grupo e superadas dentro do grupo.
Enfatiza a motivação extrínseca – o aluno somente é motivado se o professor o desperta e anima.	Destaca a motivação intrínseca. O aluno, ao se descobrir personagem central da pesquisa, estimula-se e é estimulado pelo grupo.
A construção da aprendizagem significativa do aluno depende da experiência do professor.	A construção da aprendizagem significativa do aluno é sugerida pelo professor, mas é fundamentada dentro do grupo.
A avaliação é individual e, nesse sentido, pode tornar-se instrumento de exclusão, gerando casos de baixa autoestima.	A avaliação é globalizada, e o aluno sente que o sucesso de sua experiência vale não apenas para a tarefa que cumpre, mas para seu uso em outros níveis de aprendizagem.

Se a metodologia dos projetos muda essencialmente o papel do aluno em relação às linhas de uma instrução sistemática ou aula expositiva, muda também, e sensivelmente, o papel do professor. Para trabalhar com projetos é essencial que se transforme o "professor proprietário único do saber e da cultura", que olha seu aluno como tábula rasa dos ensinamentos que transfere, portanto seu papel efetivo passa a se aproximar de um bom diretor técnico esportivo ou, quem sabe, de um professor de música ou pintura. Esses mestres, em verdade, não transmitem informações, mas atuam ajudando o aluno a aprender como se aprende e a saber fazer (competência) efetivamente fazendo. Tanto o técnico esportivo como o professor de artes assiste à ação de seus discípulos corrigindo aqui, propondo ali, desafiando sempre. Fala bem menos que o expositor, mas o essencial, porque sabe que o aluno aprende consigo mesmo, desde que disponha de um mediador que possa colocar-se entre sua perspicácia e sabedoria e o universo dos conhecimentos que o mediador, enquanto professor, anseia compartilhar. Trabalhando em um projeto, o professor sugere iniciativas, fornece fontes, faz de respostas encontradas novas perguntas. Conhecedor de todas as etapas do projeto, organiza um cronograma para seu desempenho e, sabendo da efetiva potencialidade do aluno, instiga-o a produzir sempre, cada vez mais. Geralmente, quando um professor se forma, não o faz para ministrar apenas aulas expositivas ou para ser condutor de projetos, e, por essa razão, professores eficientes no desempenho dessa atividade não nascem prontos, mas se autoconstroem progressivamente, renunciando ao papel de expositor e assumindo sua nova posição por sabê-la essencial para a aprendizagem significativa.

O papel dos alunos em um projeto faz deles, essencialmente, protagonistas. Eles deixam sua condição de ouvintes para tornarem-se encarregados de buscar saídas, propor soluções, encontrar caminhos. Por todas essas razões é que o professor pode determinar como terá início o projeto que vai desenvolver – ele nunca é capaz de antecipar com clareza os limites desse alcance. O Quadro V sugere possíveis etapas para a concretização de um projeto.

Quadro V

ETAPAS DO PROJETO	PROCEDIMENTOS DOCENTES E DISCENTES
ESCOLHA DO TEMA	O trabalho com a metodologia dos projetos somente se justifica quando os alunos colocam seu interesse e sua energia na busca de temas relevantes, essenciais, para a aprendizagem no programa da disciplina. O ideal é que a escolha dos temas se desenvolva no consenso entre a orientação do professor e a curiosidade dos alunos.
AÇÕES INICIAIS	A metodologia dos projetos se concretiza com o desenvolvimento sequencial de alguns passos. A relação proposta serve apenas de exemplo, pois é possível fundir ou desdobrar cada um dos passos propostos.
OBJETIVOS	É essencial que se determine com clareza tanto o que se busca na aprendizagem conceitual como na aprendizagem procedimental do aluno.
DESAFIOS	Para maior clareza, é essencial que se transforme o tema e os objetivos em uma série de questões intrigantes, propositivas e desafiadoras.
FONTES DE CONSULTA	Antes de iniciar o projeto propriamente dito, é essencial que se saiba que fontes acessar. Livros, revistas, entrevistas, *sites* idôneos da web, experimentos laboratoriais etc.
HABILIDADES OPERATÓRIAS	Quais habilidades aprofundar? Comparar, deduzir, analisar, sintetizar, classificar, criticar, contextualizar, localizar, interrogar e muitas outras.

ETAPAS DO PROJETO	PROCEDIMENTOS DOCENTES E DISCENTES
IDEIAS-ÂNCORA — CONTEÚDOS CONCEITUAIS	A orientação do professor não pode dispensar a relação de conceitos e ideias-âncora que, como palavras-chave, ajudam o aluno a guardar os fundamentos das pesquisas estabelecidas.
AS FASES	Geralmente, as fases mais convencionais seriam: abertura do projeto, desenvolvimento e apresentação (individual ou coletiva, através de um texto, coral, representação, Power Point ou outra forma).
TRANFERÊNCIAS E LINGUAGENS	É importante que o professor possa envolver os temas pesquisados com o cotidiano do aluno, para que este contextualize o que aprende com o que investiga. É importante que se proponha o uso de muitas linguagens na pesquisa e na apresentação, tais como textos, mapas, músicas, figuras, cartazes, gravações, gráficos, vídeos, painéis, teatralizações e outras.
LINHA DO TEMPO (CRONOGRAMA)	É essencial que não se inicie o projeto sem que seus objetivos específicos estejam associados a um tempo estabelecido para que sejam alcançados. O que se fará na primeira, na segunda, na terceira e nas demais aulas ou espaços de tempo reservados para as pesquisas.
AVALIAÇÃO	Combinar com os alunos e com outras pessoas da comunidade escolar e do entorno os critérios que serão levados em conta na avaliação do desempenho dos alunos. É essencial que os alunos "aprendam" a fazer projetos, mas que também assimilem plenamente os conteúdos do tema ou temas pesquisados.
REGISTRO	É importante que se possam agregar ao acervo da biblioteca escolar os textos e a atuação dos alunos, e, nesse sentido, que um novo projeto possa sempre se inspirar em experiências anteriores que o aperfeiçoem.

A metodologia dos projetos pode ser trabalhada em qualquer faixa etária, e não existem limites materiais que os inviabilizem. O importante é que a equipe docente acredite na significação da mudança e concretize essa experiência.

» **XIX**

Educação, educador e professor

Os primeiros educadores surgiram, provavelmente, na alvorada da história humana. Regredindo no tempo, percebe-se que, desde quando se formaram as primeiras comunidades com alguma organização cultural, já existia a preocupação em se conservar e transmitir os saberes conquistados e acumulados, para que as gerações surgidas se poupassem de possíveis erros, que poderiam ser evitados com a aprendizagem. A ideia de educação, portanto, se associa a essa preocupação, e o vocábulo "educador" envolve os que na comunidade chamavam para si com mais propriedade essa função de transmitir e viabilizar saberes.

Considerando, assim, que toda comunidade visava sua conservação, nasceu a escola como espaço privilegiado de transmissão do acervo civilizacional. Percebe-se, dessa forma, que, quando as primeiras escolas surgiam, abrigavam em suas finalidades uma contradição: eram necessariamente conservadoras, pois só assim transmitiam o aprendido, mas precisavam ser inovadoras para garantir a criação e assegurar o progresso. Na escola, desde sua origem, como agora, cruzam-se finalidades díspares: preservar e inovar. A educação eficiente e, portanto, ministrada em boa escola, um professor consciente e uma boa aula se revelam sempre que esse equilíbrio se manifesta.

Mas substantivos como educador e professor não são sinônimos: educador é todo aquele que educa, e nesse sentido a palavra cabe aos pais, aos sacerdotes, a alguns líderes e, muitas vezes, até a pessoas que educam sem nem mesmo identificar essa ação em si mesmas. Professor é quem se habilita e se certifica para uma função profissional e, assim, ministra uma ciência, técnica ou arte. Talvez fosse por essa razão que Paulo Freire se insurgia contra o rótulo de "tia" dado às professoras, destacando que esse vínculo parental não abrigava o compromisso de uma formação, o domínio de técnicas específicas de uma profissão, e, portanto, isolava o caráter essencialmente profissional do professor.

O que, entretanto, parece ser mais relevante destacar é que muitas vezes se confunde o papel instrucional do professor com sua função verdadeiramente educativa. Não raramente se percebem profissionais desta ou daquela disciplina se afastando de uma função procedimental e atitudinal para se fechar explicitamente no aprofundamento de seu papel como instrutor. Como se viu no capítulo anterior, os conteúdos conceituais são elementos imprescindíveis à aprendizagem, mas jamais podem se isolar dos conteúdos procedimentais e atitudinais. Professor que se fecha na explanação metálica e distante dos temas de sua programação e, dessa maneira, abdica de sua abrangente condição de ser, ao mesmo tempo, um "educador" está se ocultando de seu essencial e primordial papel. Um verdadeiro profissional em educação informa e educa, ensina fatos, mas ensina o aluno a aprender a aprendê-los, administra as relações interpessoais e sistêmicas da sala de aula e, nesse sentido, desenvolve experiências para mostrar aos alunos como viver em grupo e como em grupo produzir. Mais ainda, contextualiza e problematiza os temas que desenvolve e dessa forma anima o "saber fazer", os conteúdos procedimentais das competências e é, antes de tudo, um avaliador. Perde-se no tempo a ideia de que o trabalho de avaliação em sala de aula consistia na rotina de aplicar e corrigir provas, e nesse sentido a obra de uma verdadeira avaliação, como veremos adiante, contempla essa função binômica de professor-educador. Enfim, sem educadores, não pode existir a verdadeira educação, que, por sua vez e como se viu, integra tradição e modernidade. Um profissional que se faz professor vivencia a tarefa difícil de colocar esse equilíbrio em prática e pode perceber em quase todos os sistemas educacionais do mundo escolas que se dizem inovadoras e atraem tantos adeptos quanto as que se afirmam conservadoras.

Mas não é apenas esse conflito que a educação abriga. Cabe à escola educar a todos democraticamente, mantendo todos os níveis de exigência e rigor compatíveis com o sentido da educação, mas, simultaneamente, privilegiar os que se destacam, garantindo-lhes oportunidades para que sua criatividade não esbarre em limites. Como conciliar a melhor educação para os melhores e a melhor educação para todos?

Mais uma vez, a boa educação, a boa escola, o bom professor e a boa aula necessitam buscar mais esse equilíbrio, jamais limitando a criatividade e nunca negando a igualdade de oportunidades. Na identidade desses dois conflitos e na certeza de que é essencial a busca do equilíbrio já se começa a responder ao que significa educar, ao que é um educador. Educar é conciliar esses conflitos, equilibrar essas oposições. Mas não apenas isso. Educar não significa apenas transmitir o legado cultural às novas gerações, mas também ajudar o aluno a aprender o aprender, despertar vocações, proporcionar condições para que cada um alcance o máximo de sua potencialidade e, finalmente, permitir que cada um conheça suas finalidades e tenha competências para mobilizar meios para concretizá-las. Chega-se ao sentido estrutural da questão "o que significa educar?". Em síntese: aprender a conhecer, fazer, viver junto e aprender a ser. Essa ideia que, modernamente, se tem de educação recebeu forte subsídio com um seu novo papel discutido em Jomtien, em 1990, em uma conferência internacional sobre educação promovida pela Unesco, quando se produziu o documento "A declaração mundial sobre a educação para todos". O documento ressaltava que o compromisso essencial da educação seria composto por quatro aprendizagens essenciais:

- Aprender a conhecer. Quem aprende a conhecer, em última análise, aprende a aprender e, dessa forma, a dominar competências para assumir o legado cultural conquistado como instrumento de reflexão e de contextualização, e não apenas como domínio de informações pré-organizadas.

- Aprender a fazer. Reafirma a certeza de que a escola é um espaço para estímulo e aprendizagem de competências para a ação e o trabalho, não apenas como sinônimo de profissão, mas como domínio de habilidades essenciais à geração de bens e de riquezas de maneira sustentável, e sobretudo de realização pessoal e construção social.
- Aprender a viver junto. Retirar da educação a imagem de uma área competitiva, na qual se destacam e são aplaudidos os melhores, transformando-a em ambiente no qual se ensina solidariedade, onde o aluno aprende a se conhecer e conhecer e respeitar integralmente o outro não apenas com um sentido de respeito ao que é humano, mas como contingência de um mundo que é sistêmico e que tudo faz quando todos fazem, e nada será feito se não agirmos em conjunto.
- Aprender a ser. Envolve uma ideia ampla de autoconhecimento, na qual se descobre que a educação necessita preparar integralmente, portanto espírito e corpo, inteligência e sensibilidade, sentido estético e responsabilidade pessoal, ética e espiritualidade.

Ainda que não seja fácil, ser, ao mesmo tempo, professor e educador requer, numa só pessoa, assumir as funções de túnel, estrada e ponte. Um túnel é muito mais que uma obra da engenharia humana. Caminho que ultrapassa pontos que os caminhos comuns não são capazes de atravessar, representa o encontro da luz com a própria luz, algo como o renascer da vida após um período de escuridão. Todo túnel une, integra, conecta e vence barreiras, supera limites, sugere novo desabrochar em um velho caminho. Não há nada mais imponente que um túnel, símbolo de fortaleza que vence obstáculos, liga e integra pessoas e coisas. Uma estrada é também obra da engenharia, ainda que tenha surgido muito antes da roda. Mesmo agora, em tempos de viagens espaciais e império da tecnologia, ainda existem estradas ricas e pobres, rudes e suntuosas, de ricos e de pobres. Mas, tal como o túnel, mais que simples caminho, toda estrada une e integra, vence distâncias, junta o ontem com o ontem, mas pode juntar amanhãs e o ontem ao amanhã. Não há nada mais simples nem mais sublime que uma estrada, símbolo de aproximação, ícone do encontro, ponto entre o que ficou e o que virá. Mas se túnel e ponte são bem mais que obras de engenharia, pelo que estimulam e representam, ainda mais imenso e simbólico é o sentido de ponte. A ponte, tal como o túnel, une e, como a estrada, integra, mas também oferece asas aos pés, turbinas às rodas. Sem as pontes, ficaríamos isolados no antes ou no depois do abismo, em ilimitado vazio, sem jamais suplantar essa imensidão senão com a tristeza nostálgica de um olhar. Túnel, estrada e ponte simbolizam a essência do progresso sintetizado no domínio sobre o espaço. Sem essas obras, ficaríamos restritos a um lugar, prisioneiros de limites insuperáveis. Sem essa conquista, seria ínfimo o valor da roda, limitada a extensão dos passos. Se, entretanto, tivéssemos que buscar nos homens e em suas profissões um ícone, símbolo que em uma só pessoa pudesse expressar toda a grandeza e a responsabilidade dessas obras fantásticas, que pessoa e qual profissão encontraríamos? Creio que na inefável figura do professor e da professora, de grandes mestres. O educador é o túnel que traz a luz, a estrada que busca esperanças, a ponte indispensável entre a realidade e a esperança, entre o sonho e a fantasia.

» **XX**

Educação, aprendizagem e tecnologia

Ao que tudo indica, as primeiras tentativas de uso da informática para elevar o nível de aprendizagem dos alunos ocorreram em 1968 com a iniciativa de pioneiros como Atkinsons e Suppes. Desde esses experimentos, a presença da informática cresceu expressivamente nas escolas de quase todo o mundo, não se vislumbrando, atualmente, tendência à regressão.

Negar a importância desses recursos representa posição tão ingênua quanto apregoar que seu crescimento possa excluir a ação do educador. Instrumento extremamente válido para transmitir informações e propor desafios às competências, ampliando a aprendizagem de alunos e professores, não dispensa, entretanto, para os alunos, a intervenção mediadora dos professores, que os ajudam a aprender. As novas tecnologias propiciam diretrizes importantes que podem ajudar estudantes e professores a desenvolver competências necessárias, criando "ambientes de aprendizagem" que ampliam significativamente as possibilidades das antigas tecnologias, como livros, quadros-negros e outros. O que importa considerar é que, utilizada de forma inadequada, pode induzir alunos a passar a maior parte do tempo escolhendo tipos de fontes e ilustrações para relatórios em multimídias, em vez de efetivamente instigar pesquisa, planejamento, revisão, comparação entre ideias e criação de novas soluções.

Cresce a qualidade de uma aula quando o professor, além de dominar com segurança os conteúdos conceituais que visa transmitir, conhece com igual competência os recursos disponíveis. Sem esse domínio, essas ferramentas apenas enfeitam a aula, ou, pior ainda, dispersam a atenção dos alunos, atrapalhando-os. Como qualquer ferramenta para qualquer artesão, pode ser tanto imprescindível quanto dispensável. A mão e a fala humana são as mais avançadas ferramentas da biologia eletrônica; podem suplantar qualquer artefato mecânico. Porém, em muitas circunstâncias, estando acessíveis, negar seu uso em uma boa aula não é atitude consciente. Livro, lousa, flanelógrafo, álbum seriado, giz, maquete, mapa, quadro-negro, retroprojetor, vídeo e muitos outros recursos sempre ajudaram a fixar conhecimentos e, em alguns casos, puderam até transformar em significativa a aprendizagem que desenvolvida apenas pela fala se faria mecânica. Em linhas gerais, esses outros recursos se mostram extremamente válidos quando:

- trazem para as salas de aula temas estimulantes e desafiadores, baseados em problemas ligados à realidade dos alunos;
- proporcionam estruturas de apoio e ferramentas que favorecem a fixação de conhecimentos e a contextualização de experiências;
- oportunizam a alunos e professores mais e melhores ocasiões de realimentação, reflexão e revisão da aprendizagem;
- ajudam na construção de comunidades locais, regionais e globais, ampliando no quadro destas a presença de professores, pais, cientistas e profissionais de áreas correlatas.

Atualmente, quando se comenta sobre "recursos", as referências mais comuns são vídeos, imagens, áudios, celulares, gráficos, *e-mails*, tabelas, tutoriais, mapas, simulações, infográficos, páginas da web, tudo preferencialmente em terceira dimensão. De forma mais ou menos análoga aos antigos, os novos objetos de aprendizagem podem perfeitamente potencializar o ensino e tornar a aprendizagem bem mais didática, muito mais interativa e dinâmica, mas ainda assim não mudam a imprescindível necessidade de o professor conhecê-los em profundidade e usá-los com competência.

Se, entretanto, a necessidade de competência essencial ao mestre no uso desses artefatos não se alterou, muda muito o esforço dessa conquista. Poucas palavras, alguns comentários, linhas espaçadas de um guia serviam para tornar apto o professor para uso dos recursos antigos; pesquisa intensa, treinamento árduo, ensaios e erros múltiplos são caminhos indesviáveis para domínio pleno e útil dos novos objetos. Tecnologia de amanhã para professores de ontem não é apenas aprendizagem frustrada, mas aluno inteligente e esperto identificando adulto enganador. Abaixo, e apenas para ajudar a materialização das ideias propostas, relatamos uma breve experiência de um dos muitos usos dessas novas tecnologias.

Para que isso ocorra, é essencial que a sala de aula disponha de lousa digital e que cada carteira ou cada dois ou três alunos contem com um computador.

O passo subsequente é o professor dominar o manejo dinâmico de sua lousa e conhecimentos básicos sobre o que significam "projetos" e qual a forma de desenvolvê-los em aula. Para que isso se concretize, importa destacar que não existe um projeto escolar que se apoie em um objetivo claro e sabido por todos, não abrigue conteúdos conceituais a se atribuir significações e explore e conheça competências e habilidades que a aula estimulará.

Com os recursos disponíveis e o professor consciente dessas metas, a lousa digital funcionará conectada aos computadores de tal forma que possibilite a navegação pela internet. Com essa disposição, uma breve e desafiadora proposta do professor, amparada em perguntas criativas e que sempre ligam os conteúdos à vida e ao entorno, sugere buscas e caminhos que os alunos, navegando, se agitam em procurar.

Junto com os desafios, o professor marca o tempo-limite e percorre carteiras, oferecendo propostas aqui, mostrando alternativas ali. Esgotado o breve tempo, seleciona as respostas mais coerentes; os alunos que a elas chegaram são convidados a trazê-las para a lousa. Esta, apenas com breve esquema no instante em que a aula começou, vai progressivamente se modelando e se esculpindo com inclusões inseridas e "coladas" pelos alunos.

Quando a "aula" fica pronta e, portanto, objetivos, conceitos, competências e habilidades foram valorizados, cabe o trabalho conjunto de "arte" no qual os alunos são então convidados para mudar cores, destacar, sublinhar, desenhar ou incorporar imagens. Essa aula, depois de pronta, pode ser guardada e compartilhada. Via *e-mail*, os alunos farão suas lições, fazendo acréscimos, sempre orientados pelos desafios do professor. Lousa e computador se transformaram em "máquinas de motivação", e a classe, quase sem perceber, viveu momentos intensos de socialização essenciais para a felicidade pessoal e imprescindíveis para a vida profissional.

» **XXI**

A aprendizagem do professor

Até relativamente poucos anos atrás a formação de um professor privilegiava o domínio dos conteúdos específicos da matéria que ele optara por ensinar, os procedimentos relativos à transmissão de informações e o compromisso em transformá-las em conhecimento. Por paradoxal que possa parecer, um abismo se colocava entre a tarefa de ensinar e a compreensão sobre o processo de aprender. Os anos cursados pelo futuro professor em centros universitários não davam grande ênfase sobre "o que ensinar", preocupando-se pouco com "como ensinar".

Por determinados aspectos, era compreensível que fosse assim. Afinal, a ideia que se fazia de aprendizagem envolvia quase especificamente o domínio de informações e sua providencial retenção nas memórias. Esse panorama mudou muito nos últimos anos.

Descobertas feitas sobre a aprendizagem a partir de revelações sobre o funcionamento da mente humana relegam novos papéis aos professores de agora, nos quais prevalece:

1. Um trabalho menos informativo e bem mais desafiador que envolve prioritariamente como estruturar problemas, encontrar, integrar, organizar e sistematizar informações.
2. Montar projetos, criar soluções para mostrar ao aluno como aprender sozinho, como explorar suas competências empreendedoras.
3. Mostrar como trabalhar cooperativamente.

O que, entretanto, permanece igual entre o ontem e o hoje é a importância de se aprender criticamente com a própria prática e, dessa maneira, conquistar novos conhecimentos e nova compreensão dos alunos, do funcionamento das escolas, do currículo e dos métodos instrucionais por meio de experiências práticas que vivenciam, que observam na vida de seus colegas com maior experiência e, naturalmente, com as leituras, participações em palestras, produção de publicações, ensaios e outros meios.

Ao lado dessa forma de conquista profissional que se destaca bem mais como ação voluntária do professor de buscar pessoalmente sua proficiência que de mecanismos acadêmicos que obrigatoriamente lhe proporcionassem essa busca, seria interessante que o profissional tivesse o direito ao exercício da atividade somente quando sua conclusão de curso o obrigasse a acompanhar por algum tempo um professor experiente e, sob a proteção e assessoria deste, identificar caminhos e alternativas para sua prática.

Outra opção válida, que muitos buscam, é matricular-se em programas de pós-graduação em educação e não somente na matéria que ensinam, ou ainda participar de forma ativa em reuniões de professores quando estas são programadas com a finalidade explícita de exercitar experiências docentes. Situações como essas, infelizmente, ainda são raras no Brasil, mas regularmente desenvolvidas em algumas escolas, geralmente privadas, que propõem reuniões sistemáticas com a equipe docente com a explícita finalidade de fazer estudos de casos, trocar experiências, analisar textos e discutir estratégias de ensino.

Levando-se em conta as várias maneiras formais e informais de como se manifesta a aprendizagem dos professores, torna-se difícil generalizar ao falar sobre a qualidade dessas experiências. No entanto, prevalece ainda no país uma contradição entre a consciência de que a educação é prioridade essencial para o desenvolvimento e a organização social, nos quais os professores desempenham papéis cruciais, e a falta de uma forma equilibrada e consistente de dar a todos os docentes em exercício a formação essencial para um trabalho efetivamente competente.

» **XXII**

Educação e avaliação da aprendizagem

A avaliação faz parte da rotina do nosso viver. Ainda que nem sempre conscientes da atitude avaliativa em nosso cotidiano, poucas vezes nos atrevemos a sair de casa sem verificar se não esquecemos nada, se apagamos as luzes, se fechamos as portas, da mesma forma que, ao assumirmos o volante de um veículo, não o movimentamos sem rápida avaliação circunstancial. O sentido da palavra "avaliação" em educação não difere, em essência, de nossa rotina de viver avaliando a nós mesmos, as pessoas com as quais nos relacionamos e o nosso entorno.

Um professor, quando avalia o que deseja que seus alunos apreendam, nada mais faz que exercitar mecanismos e instrumentos para validar seu processo e seu método de formação. Os alunos, dessa forma, são avaliados por suas provas, mas também por observações e possíveis progressos nos domínios conceituais, procedimentais e atitudinais. Com esses elementos de observação, cabe ao professor acompanhar o desempenho de um aluno mais ou menos como um engenheiro o faz com a obra que idealizou construir.

Em um passado relativamente recente, a ideia que se fazia de avaliação para a maior parte dos professores era associada a um momento traumático e desafiador, e a maioria dos alunos se encaminhava assustada para as provas e exames, nem sempre por insegurança quanto à sua aprendizagem conceitual, mas pela incapacidade de prever quais seriam as "pegadinhas" a causar surpresas, de qual ardil se valeria o professor para instigar erros ou deslizes. Infelizmente, nem todos os professores buscavam avaliar o que o aluno sabia e até que ponto a aprendizagem o transformara, mas sim investigar onde vacilava. Ideias avaliativas assim concebidas agridem o sentido verdadeiro e eficiente do que se concebe como avaliação da aprendizagem. É essencial que todos os alunos possam sempre saber em que e como serão avaliados.

Feitas essas ressalvas sobre o processo avaliativo, chega-se ao conceito, portanto, de que um sistema de avaliação é um conjunto de princípios, hipóteses, procedimentos e instrumentos que o avaliador faz funcionar e que, atuando entre si de forma ordenada, contribui para coletar e sistematizar informações para aferir a aprendizagem dos alunos. Dessa maneira, avaliar o desempenho de um estudante é tão importante como ensiná-lo, pois sem a avaliação torna-se difícil compreender seu processo de aprendizagem e os efeitos positivos da prática docente. Nesse conceito cabe destacar "princípios e procedimentos"; portanto, a avaliação pode abrigar provas e exames, mas a esses instrumentos não se restringe, antes se completa pela observação de avaliadores que a acompanham dentro e fora da sala de aula, como entrevistas, trabalhos individuais e em grupo, cadernos e outros recursos. Ao atribuir ao aluno uma nota, numérica ou não, deve-se verificar a verdadeira expressão de sua grandeza, e não apenas limitar a avaliação à frieza de um número. Esse número (ou letra) deve refletir uma relação de porcentagem entre o que foi expresso e o que se esperava que fosse expresso. Nesse caso, uma nota 7, por exemplo, exprime o domínio de cerca de 70 por cento dos conteúdos que o aluno necessitaria conhecer.

Outro cuidado que deve envolver todo processo avaliativo é a reflexão sobre a essência e o sentido da avaliação à luz dos conceitos do "máximo" e "ótimo". O "máximo" é o maior de todos, adjetivo que qualifica aquele que não tem rival. O "ótimo", bem mais modesto, representa apenas o muito bom, o melhor possível.

Se perguntarem a qualquer pessoa bem esclarecida se preferem uma lembrança que é o "máximo" ou uma que é "ótima", é de supor que optará pela primeira, pois uma ótima lembrança poderá se equiparar a outras lembranças ótimas, mas jamais se igualará a uma lembrança que, sendo o máximo, será inigualável, aquela que jamais poderá admitir comparações. Mas, se existe tal hierarquia entre esses adjetivos, e nela o máximo sempre se colocará acima do ótimo, também existe entre os termos uma diferença crucial: o "máximo" é de uso coletivo – se é o maior, sempre discriminará os demais; por sua vez, o "ótimo" pode abrigar um sentido pessoal. Um conceito ótimo de apetite, ou de sono, por exemplo, não é igual para todos, ainda que ambos sejam satisfatórios. Transpostos para a avaliação da aprendizagem escolar, os conceitos de "máximo" e "ótimo" mostram realidades diferentes. Avaliar o desempenho dos alunos por um paradigma "máximo" significa estabelecer um limite que se impõe a todos, excluindo os que não o alcançarem.

É essa a essência da avaliação denominada "somativa", observada em grande parte das escolas do país. Nestas, notas iguais expressam valores iguais – existem as notas dos alunos bons e as notas dos alunos fracos; existe a ingênua crença de que pessoas diferentes podem expressar resultados iguais. Prevalece a ideia de que existe um degrau, e quem não o alcançou deve submeter-se ao reconhecimento de sua óbvia inferioridade. Foi para muito além do reducionismo dessa avaliação que caminhou Vygotsky. Ao destacar que avaliação eficiente é aquela que se inspira no "progresso efetivo de cada um", e que este difere de um para outro, ele enfatizava que a verdadeira aprendizagem deve buscar o ótimo, jamais o máximo, e que o ótimo de alguns não é necessariamente o ótimo de outros. Pensamos que constitui erro acreditar que uma avaliação através de paradigmas ótimos represente procedimento que envolva o sistema e, portanto, que não cabe a este ou aquele professor mudar se o sistema não muda. Ora, o verdadeiro avaliador terá sempre domínio sobre si mesmo, e, se acredita que é chegada a hora de livrar-se do preconceito de avaliar através de conceitos máximos e mínimos, assumirá como Vygotsky o conceito de avaliação por paradigmas ótimos e descobrirá o efetivo progresso de cada aluno, mesmo tendo que expressá-lo através de um número.

Um sistema de avaliação completo deve reunir características comuns, entre as quais parece importante destacar:

- Possui finalidade claramente formativa, e por essa razão oferece informações ao professor, ao aluno e aos pais deste sobre seu progresso e seus limites, destacando os pontos em que necessita maior empenho e esforço. Mostra-se amplo e geral, e assim oferece informações não apenas sobre os avanços conquistados pelo estudante nas disciplinas ensinadas, mas também sobre seus interesses e suas motivações, suas necessidades e habilidades. Além disso, mostra-se frequente e contínuo, portanto leva em consideração as provas e exames, mas baseia-se também nas demais tarefas, trabalhos em grupo e na observação de desempenho cotidiano. Sobretudo, faz-se integrador, levando em conta a diversidade cultural e linguística do aluno e sua eventual situação na escola, em processo de integração ou não, e dentro do universo familiar em que convive e é pouco ou muito desafiado.

- Em um sistema de avaliação consciente e equilibrado, o estudante percebe-o como um instrumento normal do acompanhamento de seu progresso que não causa tensões nem ansiedades e ainda informa não apenas resultados, mas etapas de conquistas e mudanças progressivas em sua formação.

» **XXIII**

Educação e as dificuldades de aprendizagem

Não faz muito tempo que temas ligados às dificuldades de aprendizagem se interligam à ideia que se fazia sobre educação. Esta e a aprendizagem que se acreditava ser sua parte componente separavam alunos tidos como "normais" dos "outros", que eram vistos como casos que, por suas deficiências, seriam isolados de uma educação formal e encaminhados a tratamento médico e/ou ao isolamento social. Crianças e jovens imaturos, sem autocontrole, emocionalmente desajustados ou intelectualmente lentos raramente eram considerados como "alunos", e sua escolarização, quando ocorria, era conduzida em ambientes distintos. Não se falava em inclusão, e a ideia de normalidade vigente era marcada por preconceituosa tendência fortemente estatística: normais eram todos os que apresentassem características intelectuais ou sociais semelhantes à maioria.

Esses tristes tempos na história da educação foram, na maior parte dos lugares, superados, e a expressão "dificuldade de aprendizagem" passou a ser assumida, reconhecendo-se o direito integral à educação para todos, ainda que em certos casos com restrições. Essa mudança se operou de tal forma rápida que em relativamente poucos anos foi estabelecido que já não se podia usar o conceito de educação associado a essas formas de exclusão. Considerando a nova abrangência da educação é que, neste capítulo, buscar-se-á abordar de forma resumida – e que não exclui necessidade de pesquisa mais ampla – o que são dificuldades de aprendizagem, que fatores as ocasionam, seus tipos básicos e os sinais de alerta para sua identificação na escola e no lar.

1. O que são dificuldades de aprendizagem?

A expressão "dificuldades de aprendizagem" refere-se à *ampla e diversificada forma de distúrbio que pode afetar uma ou mais áreas do desempenho estudantil*. Raramente podem ser atribuídas a causa única, e a manifestação dessas dificuldades prejudica em diferentes graus de intensidade o funcionamento cerebral e os aspectos psicológicos do estudante.

2. Que fatores ocasionam as dificuldades de aprendizagem?

Embora ainda não haja muito conhecimento sobre as dificuldades de aprendizagem, não há dúvida de que, quando elas se manifestam, dois são os fatores determinantes, atuando separadamente ou em conjunto: os *fatores biológicos* e as *circunstâncias ambientais*. Ainda que se reconheça que a ciência médica pouco pode ajudar em casos mais severos, nestes e nos mais simples o ambiente que envolve a criança e o adolescente estabelece o nível maior ou menor do impacto da dificuldade, seja qual for sua natureza. Em outras palavras, constata-se que a maior parte das dificuldades de aprendizagem representa condição permanente, mas pode ser acentuadamente melhorada, promovendo-se mudanças na casa em que mora o aluno ou na escola que ele frequenta. Considerando os fatores biológicos que contribuem para esse problema, eles costumam ser divididos em quatro categorias: *lesão cerebral, falhas no desenvolvimento cerebral, desequilíbrios neuroquímicos* e *hereditariedade*.

Entre os tipos de lesões mais comuns estão as causadas por acidentes, hemorragias e tumores, consequências de doenças como encefalite e meningite, transtornos glandulares não tratados na primeira infância e hipoglicemia na infância. A essa diversidade acrescentam-se ainda a desnutrição prolongada e a exposição a substâncias químicas (pesticidas e chumbo). A exposição pré-natal a drogas (álcool, nicotina, *crack* e inúmeras outras) também se associa a diversos grupos de dificuldades de aprendizagem, incluindo atrasos cognitivos, déficits de atenção, problemas de memória e hiperatividade. O desenvolvimento do cérebro humano tem início na concepção e prossegue até a vida adulta, e nesse percurso evolutivo podem ocorrer *falhas que afetam o cérebro de forma integral ou parcial*; nessa categoria incluem-se desordens na evolução dos hemisférios direito e esquerdo ou a hipoatividade nos lobos frontais.

O funcionamento cerebral normal de qualquer pessoa depende da ação de alguns "mensageiros químicos" – os neurotransmissores – responsáveis pela conexão cerebral, e assim mudanças no ambiente químico do cérebro podem interferir na ação neurotransmissora e prejudicar o funcionamento neural adequado. Algumas das dificuldades de aprendizagem causadas por essas falhas no desenvolvimento cerebral (principalmente o transtorno de atenção com déficit de hiperatividade) podem ser diminuídas através de medicação associada a um programa de modificabilidade ambiental.

A hereditariedade, por sua vez, exerce expressivo papel na determinação do desenvolvimento das dificuldades de aprendizagem. Atualmente, aparecem cada vez mais estudos que mostram evidências de casos de dislexia, déficit de atenção e hiperatividade associados à carga genética. Estudos recentes apontam que cerca de 60% das crianças com dificuldades de aprendizagem tinham pais e/ou irmãos com problemas similares, enquanto 25% tinham tios e avós que apresentavam indícios de dificuldades análogas. Outras pesquisas realizadas com crianças que apresentavam deficiências de leitura mostram que elas tinham parentes com problemas similares no processamento da linguagem.

Muito embora grande parte das dificuldades de aprendizagem tenha suas causas em questões fisiológicas ligadas a lesões, falhas no desenvolvimento ou desequilíbrios bioquímicos ligados ao cérebro, é inegável a importância do *ambiente familiar e escolar* como fator também determinante para a aprendizagem de qualquer criança. Pesquisas recentes apontam, inclusive, que o próprio QI de crianças adotadas por famílias de inteligência tida como normal subia significativamente, enquanto permanecia estático ou em alguns casos até regredia em relação a crianças obrigadas a permanecer nas instituições que as adotaram.

De importância igual ou, em muitos casos, até mesmo maior que o ambiente familiar é o *ambiente escolar*. Um sistema educacional que não oferece desafios progressivos e que se distancia de tudo quanto hoje se conhece sobre a educação infantil e a importância de estímulos adequados pode contribuir para que os alunos ganhem acesso a algumas informações e sociabilidade, mas restringe o desenvolvimento pleno de capacidades e competências de quem não apresenta nenhum problema de natureza biológica. Salas de aula com número excessivo de alunos, professores mal preparados e com suprimentos inadequados comprometem, muitas vezes de forma definitiva, a capacidade de desenvolvimento pleno da aprendizagem significativa e o relacionamento social dos alunos.

3. Quais são os tipos básicos de dificuldades de aprendizagem?

As dificuldades de aprendizagem costumam ser divididas em alguns tipos gerais, mas, como com muita frequência se manifestam de forma combinada, nem sempre é fácil perceber o que têm em comum os alunos que possuem esse mesmo rótulo. Algumas manifestações de dificuldades de aprendizagem ocorrem de formas tão sutis que se torna difícil identificá-las. Não raramente, alunos com essas dificuldades apresentam inteligência na faixa média ou superior e surpreendem seus educadores porque dominam informações específicas e relativamente complexas sobre temas de interesse próprio, mas não conhecem o alfabeto, ou possuem proficiência na leitura, mas não se recordam do conteúdo lido alguns minutos depois. Essas discrepâncias e inúmeras outras muito comuns levam os especialistas a conceituar como termo comum a todos os casos "*o desempenho inesperado*" em relação aos demais, que em última análise retoma a questão estatística.

Embora disfunções neurológicas afetem múltiplas áreas do funcionamento cerebral, as deficiências que mais tendem a causar situações acadêmicas inusitadas são as que afetam *a percepção visual, o processamento da linguagem, as habilidades motoras finas e a capacidade de focar a atenção*. A essas situações mais comuns acrescentam-se *ações comportamentais inesperadas*, como a hiperatividade ou distúrbios da memória e atenção.

Os *comportamentos problemáticos* observados em crianças e jovens com dificuldades de aprendizagem são os seguintes:

- fraca condição da atenção e extrema facilidade em se distrair e manter interesse pela atividade que desenvolve;
- dificuldade para compreender e consequentemente seguir instruções;
- imaturidade social, apresentando comportamentos incompatíveis com a idade;
- problemas com a conversação e dificuldades para encontrar as palavras que deseja usar;
- restrição à capacidade de planejamento e habilidades organizacionais, mostrando dificuldade em administrar o tempo;
- inflexibilidade e tendência em realizar tarefas contrariando regras expostas;

- excesso de distração, que implica perda de objetos e esquecimento de compromissos;
- pequena destreza, quase ausência de coordenação;
- descontrole em relação aos impulsos, agindo muitas vezes de forma inadequada ou abrupta.

4. Quando começam os sinais de alerta?

A lista que abaixo propomos não é nem poderia ser definitiva. Não existem duas crianças iguais e nem sempre é fácil para os pais avaliar os itens da lista e perceber sua abrangência em relação ao cotidiano da criança. Dessa maneira, portanto, serve bem menos para saber se a criança está pronta para ir à escola e identificar eventuais dificuldades de aprendizagem, e bem mais como um padrão meramente estatístico do desempenho infantil antes de sua matrícula no quinto ano do Ensino Fundamental. Além do mais, a lista é ampla, e a dificuldade da criança em apenas alguns itens não pode ser associada a uma dificuldade de aprendizagem. Com essas observações em mente, verifique se a criança:

- reconhece o nome das letras do alfabeto;
- sabe identificar palavras que rimam;
- percebe palavras que apresentam sons semelhantes ou diferentes;
- é capaz de bater palma de acordo com o número de sílabas de uma palavra ditada;
- reconhece e pode atribuir nomes a cores, alguns objetos e partes do corpo humano;

- é capaz de dizer seu nome e endereço completos, assim como idade, número do telefone e data de aniversário;
- compreende o significado de contos, lendas e histórias compatíveis com sua idade;
- é capaz de reconhecer a sequência das ações na manhã, tarde e noite ou mesmo de locais que passam em um passeio real;
- mostra-se apta para fazer analogias, como, por exemplo, *cachorro* = *late*, *gato* = *mia*, *peixe* = *nada* etc.;
- sabe contar e é capaz de identificar a quantidade de objetos e brinquedos expostos;
- sabe responder desafios que envolvem questões como "quem", "quando", "onde";
- é capaz de inventar contos ou histórias simples;
- pode repetir com palavras diferentes uma sentença ouvida;
- obedece a instruções simples que envolvem coisas a apanhar ou vestir;
- mostra interesse e algum sucesso em jogos simples;
- reconhece o próprio nome escrito;
- reconhece alguns símbolos comerciais que identificam lojas ou produtos;
- pode citar alguns nomes de diferentes objetos, como frutas, aves, peças de roupa etc.;
- sabe contar até dez ou mais;
- pode relatar experiências, percebendo começo, meio e fim; identifica essas partes em uma história ouvida ou um filme ou desenho assistido;

- sabe executar desenhos como quadrado, triângulo, círculo e cruz;
- sabe copiar algumas letras e palavras simples;
- sabe desenhar casas, árvores, sol, pessoas;
- consegue recortar alguma figura;
- sabe se vestir; é capaz de amarrar cordões de sapatos ou pôr cinto;
- usa garfo e colher adequadamente e corta alimentos macios;
- gosta de brincar com outras crianças; telefona para os amigos e mantém algum tipo de conversa.

Reafirmando que a inabilidade em um ou alguns dos itens apontados não representa indício de problema de aprendizagem, cabe destacar que crianças que revelam dificuldades no processamento de informações, algumas das quais destacadas acima, necessitam ser mais bem observadas e, eventualmente, encaminhadas a pediatra, psicólogo ou profissional ligado à educação infantil.

» XXIV

Educação, competências básicas e habilidades

Imagine-se diante de três profissionais competentes, na faixa dos quarenta a cinquenta anos. Um é médico, o outro, engenheiro, e o terceiro, professor de filosofia. Passe-lhes três tarefas diferentes: o primeiro deverá dominar plenamente questões relativas à física quântica para expor a alunos de engenharia, o segundo precisará se preparar para essa missão apresentando teses e antíteses do pensamento existencialista de Sartre, e o último deverá ministrar aulas aos pós-graduados em filosofia e crítica literária para falar de problemas e disfunções do pâncreas. Será que se sairão bem nessas missões? Será que a aula ministrada para público específico e de qualidade não resvalará por incertezas que suscitarão críticas?

Sabemos as respostas: não se sairão bem nessas tarefas e, certamente, não serão acolhidos com aplauso pelos ouvintes. Por que isso ocorre? Não são, por acaso, pessoas cultas? Não se empenharam em sua missão, cercando-se de bons livros? A resposta salta, evidente. São cultos e preparados, buscaram excelente bibliografia, mas faltam-lhes as "competências básicas" que somente o curso e a prática poderiam propiciar. Não peça erudição do médico em física quântica nem busque no filósofo versado em literatura os fundamentos de uma cirurgia que nunca fez. Faltam-lhes competências básicas específicas que são ensinadas em cursos específicos, e debates reflexivos centrados na área.

Agora, reúna os três especialistas e faça-lhes perguntas rotineiras de informações cotidianas de política, esporte, culinária. Claro que se sairão melhor, pois o domínio de informações não requer competências básicas, apenas interesse em notícias de jornal e programas de TV. Aonde se pretende chegar com essas conclusões?

A criança e o adolescente que não adquirem na idade certa as competências básicas poderão, mais tarde, dominar informações, mas jamais solucionarão satisfatoriamente problemas inerentes a essas competências. Essa é uma das razões por que muitas vezes alunos do Ensino Médio de boas escolas brasileiras fracassam em avaliações do Pisa ou nas promovidas pela OCDE, e o Brasil, mesmo considerando o desempenho desses que parecem representar a elite de nossos alunos, fica sempre muito mal colocado quando comparado com o desempenho de países como China, Cingapura, Finlândia, Japão e outros. É sempre importante reafirmar que o Ensino Fundamental existe não para atropelar os alunos com informações, mas para fazer delas instrumentos para as competências básicas, como dominar diferentes linguagens, compreender e interpretar fenômenos, solucionar problemas, construir argumentos, elaborar propostas, interpretar textos contextualizando-os no cotidiano, operar funções aritméticas e espaciais e interpretar hipóteses e teorias das ciências. É dessa forma que nos países citados se pensam o ensino e o desenvolvimento de competências, mas nem sempre é assim que ocorre no ensino brasileiro.

Competência é, efetivamente, "saber fazer". É preciso tirar dos conteúdos conceituais antes ensinados o papel de informação inútil que somente se usava para passar de ano. Quem ensina para desenvolver competências desperta no aluno a capacidade de fazer dos conteúdos que aprende ferramentas do viver e a capacidade de fazer coerentes leituras do mundo. Quem ensina com competência faz "alunos competentes", os quais aprendem e sabem aplicar em seu cotidiano tudo quanto na escola aprenderam. Ensinar com competência muda de forma radical o papel do professor e, naturalmente, o papel do aluno. Desaparece a aula sólida e ritualística, fria, metálica, repetitiva e pesada, com informações insossas, e nasce a aula transformada em laboratório, no qual se descobrem, nos problemas que sempre se enfrentam, os caminhos propostos pelos conteúdos das diferentes disciplinas. Aprender com competência muda também o papel do aluno, que deixa de ser espectador da aula e se faz protagonista, deixa de ser apenas ouvinte e é desafiado a solucionar problemas a partir de conceitos que incorporou aos seus conhecimentos. Não nos parece difícil para o professor tornar-se competente e trabalhar competências, ainda que essa transformação implique querer mudar – e, infelizmente, não é fácil mudar.

Mudar a concepção de aprendizagem, o papel de expositor para desafiador, as estruturas da avaliação que fazia e sua relação com os colegas de profissão, agora transformados em "cúmplices" de projetos verdadeiramente interdisciplinares. O professor de ontem tinha, no ponto de exclamação (!), a essência de sua aula; o professor de competências necessita assumir o ponto de interrogação (?) ao desafiar, sugerir, ouvir e habilitar. Ao dominar competências e transferi-las para a realidade que os cerca e para a leitura de mundo que passam a fazer, os estudantes assumem uma compreensão sobre a função das habilidades que geralmente se expressam por verbos de ação. Assim, quem aprende com competência analisa, compara, sintetiza, classifica, organiza, localiza e assim transforma verbos em sua essencialidade, que é a ação, o fazer.

» XXV

Educação e inteligência

Até o final do século XX, a educação, formal ou não formal, não privilegiava a inteligência. Acreditava-se que esse fantástico potencial humano era fruto de contingência genética e que à educação cabia avaliar os mais ou menos inteligentes, jamais aprimorá-la.

Com os novos conhecimentos sobre o cérebro humano, essa passividade da educação em relação à inteligência mudou; nesse sentido, cabe inaugurar um conceito para inteligência e destacar, de maneira resumida, os avanços no conhecimento da mente e sua importância para novos conceitos com os quais atualmente tecemos a relação entre a educação e a inteligência.

Existem muitas maneiras de definir "inteligência", mas qualquer conceito que se pretenda utilizar esclarece que é o admirável potencial biopsicológico que trazemos ao nascer que nos permite entender, compreender, conhecer e, sobretudo, aprender. A inteligência é, assim, juízo, discernimento, capacidade de se adaptar, de conviver. Indispensável para resolver problemas, vencer desafios, oferece a possibilidade de criar ideias ou inventar "coisas" que a sociedade acredita pertinentes. A inteligência é também a admirável capacidade humana de atribuir significado, simbolizando rabiscos. Se, por exemplo, rabisco em um pedaço de papel as letras C A C H O R R O e peço a pessoas diferentes que descrevam o que encontram nesse papel, poucas afirmarão que ali se encontram apenas traços de grafite. Capazes de simbolizar, algumas dirão que ali está um animal, outras afirmarão que naquele papel se colocou um amigo estimado, e não são raras as que, provavelmente mais jovens, associarão os rabiscos ao amigo ou inimigo. Essa notável capacidade de simbolizar – especificamente humana – é mais uma das inúmeras propriedades da inteligência.

Embora a inteligência não seja atributo específico da espécie humana, é esta que possui a possibilidade de ser criativa, desenvolvendo a capacidade de compreender e, ao acolher uma informação, atribuir-lhe significado, produzir respostas pertinentes e inventar alternativas que nenhum outro animal poderia supor.

A inteligência, como já dissemos, depende da carga hereditária que recebemos e que com a evolução da espécie esculpimos, mas também do ambiente em que crescemos e dos modelos com que a vida nos proporciona interagir. A inteligência não pode ser "ensinada", como se ensina um fato histórico ou operações matemáticas, mas pode ser estimulada através de desafios congruentes, proposição de problemas e oferta de alternativas para buscar saídas.

Até algumas décadas atrás, os segredos da mente que produzem nossos pensamentos e nos envolvem de emoções e percepções eram impossíveis de ser examinados diretamente. Imaginava-se como o cérebro pensava, de que maneira guardava ou não coisas na memória e de que forma produzia a linguagem, mas nenhuma radiografia seria capaz de mostrar o pensamento no instante que surgia, a memória trabalhando e a ideia ganhando corpo e virando palavras. Isso mudou entre o final do século passado e os dias de hoje.

O desenvolvimento de novas técnicas de diagnóstico por imagem já tornou visível o interior da mente, e aparelhos de varredura funcional do cérebro estão pouco a pouco desbravando seus segredos, mais ou menos como lá pelo século XVI as caravelas descobriam um mundo novo. Tal como as grandes navegações faziam desmoronar mitos e fantasias sobre o que não se via, a admirável aventura da descoberta dessa parte do corpo humano está nos dando uma compreensão sobre os "mistérios" da relação entre cérebro e mente.

O que ainda se desconhece é muito, mas vivemos um momento glorioso da neurologia, que permite observar, entre outras coisas, a mecânica da explosão da raiva e os sinais físicos que indicam o altruísmo e o delicado amor materno pelo bebê. Esse conhecimento que a "cartografia" cerebral está trazendo não tem valor apenas elucidativo, mas imensa importância prática e educacional.

» **XXVI**

Possibilidades e limites na educação das inteligências

Os estímulos à inteligência variam muito quando são proporcionados na vida intrauterina ou quando se dirigem às crianças já nascidas, como variam ao longo das diferentes faixas etárias da vida. Elementos que não são variáveis no estímulo da inteligência e, portanto, servem para todas as idades, são o "mediador", o conhecimento dos "estímulos" necessários e a intensidade de sua prática.

O mediador é o "educador" da inteligência, e esse papel deve ser assumido na escola por um professor ou professora, mas fora dela pode ser atribuído ao pai ou à mãe, aos irmãos mais velhos, aos avós ou a outros adultos que saibam interagir com o aprendiz e usar de forma correta e pertinaz os estímulos necessários. Os "estímulos" à inteligência divergem em duas categorias, ainda que ambas necessitem atuar conjuntamente. A primeira categoria de estímulos são as "atividades procedimentais do mediador", e a segunda, o conjunto de "jogos" que devem ser propostos ao aprendiz.

As "atividades procedimentais" são ações desenvolvidas pelo mediador que se sintonizam com os propósitos de expansão da inteligência. A aprendizagem humana não dispensa "modelos"; entende-se por ação procedimental exatamente o volume de "comportamentos" que, assumidos pelo modelo, interferem no processo educativo. A ideia central da inteligência é a capacidade de resolver problemas e criar produtos ou ideias que sejam aceitas como valiosas pela circunstância que envolve o aprendiz; portanto, um educador necessita assumir posturas desafiadoras, interrogativas, propositoras de problemas em todos os momentos em que estiver com os alunos. A esse procedimento cabe associar a serenidade para ajudar o aprendiz a "entender", "compreender", "conhecer", "discernir", "criar objetivos" e "aprimorar sua conversa interior". As palavras colocadas em aspas foram extraídas propositalmente do conceito de inteligência que se propôs; dessa maneira, ser inteligente significa entender, compreender, conhecer, discernir, conversar, criar objetivos para resolver problemas e criar produtos. Seria incongruente que tais procedimentos estivessem ausentes na maneira de ser do estimulador. A esses atributos muitos outros podem ser agregados, destacando-se a capacidade de escutar, a de materializar exemplos, a vocação para saber despertar ideias e, sobretudo, reconhecendo-as, jamais omitir elogios.

Os jogos para estimular inteligências são claramente específicos. Não é qualquer jogo ou apenas "jogos interessantes", mas jogos claramente sintonizados com o conceito de inteligência e, portanto, suscitadores de ideias, forjadores de soluções, propositores de desafios.

Jogos selecionados com cuidado e critério, que sempre levem em conta a idade do aprendiz, seu estágio de desenvolvimento de inteligência, e, sobretudo, que possam progressivamente ser substituídos por outros, com desafios progressivamente mais significativos. A atitude inteligente, tal como a força muscular, se desenvolve com o uso progressivo de desafios; da mesma forma que em uma sala de ginástica existem halteres com pesos diferentes, devem existir jogos com proposição de problemas diferentes. Mas a ação procedimental e a diversidade de jogos usados com intensidade progressiva são instrumentos de pequena ajuda para o estímulo à inteligência, se esse trabalho não for produto de um cuidadoso planejamento no qual se alinhe com clareza o objetivo procurado.

» **XXVII**

Certezas e mitos sobre o cérebro e a aprendizagem

Não existe avanço científico impune. Toda descoberta acende luzes, mas também tira ilusões, elimina crenças e destrói alguns mitos, convenientes ou confortáveis. Não é diferente quando se trata da inteligência humana.

O saber é interessante, mas impõe que se descarte ideias que, por algum tempo, acreditava-se ser verdadeiras. Este capítulo busca enfatizar algumas certezas que a ciência nos traz e aferir que mitos devem ser desmobilizados, não mais tratados como verdadeiros. Nos tópicos seguintes, enumeramos algumas dessas certezas confirmadas pelas recentes descobertas das ciências da cognição:

- Como a inteligência humana constitui potencial biopsicológico de emprego imediato no dia a dia e recurso essencial para nos ajudar a resolver problemas de adaptação a circunstâncias, criar e aprender, sabe-se que a inteligência é estimulável e que as aprendizagens de novos saberes tornam-se mais significativas quando adequadamente trabalhadas. O lar e a escola podem ser espaços estimuladores de novas formas de pensar e criar.

- A quantidade de inteligências que toda pessoa possui depende da classificação que é utilizada. Embora existam debates acadêmicos que polemizam a unicidade ou a quantidade de inteligências, a mais aceita classificação que contempla a multiplicidade delas é a de Howard Gardner, que descreve em cada pessoa a existência de oito ou nove inteligências claramente diferenciadas. Uma pessoa sem distúrbios severos ou disfunções cerebrais agudas é portadora de todas as inteligências, ainda que seja diversificado o potencial desta ou daquela.

- A "geografia" cerebral não é tão precisa quanto a cartografia – não existe no cérebro humano um núcleo específico para esta ou aquela inteligência. Quando se colocam em ação os atributos de uma ou de outra inteligência, utilizam-se áreas presentes praticamente em todo o cérebro.

- O cérebro de qualquer pessoa é suscetível a responder a estímulos desde antes do nascimento e até mesmo em idades muito avançadas. Assim sendo, qualquer faixa etária mostra-se sensível ao desenvolvimento das inteligências, embora algumas idades respondam mais favoravelmente aos estímulos.

Para a maior parte das inteligências, a fase da vida mais sensível ao progresso estende-se dos dois anos ao final da adolescência. O cérebro humano é um órgão que se compromete com o desuso; não há assertiva mais indiscutível do que a que o cérebro necessita ser educado e desafiado constantemente e que diferentes inteligências aspiram a estímulos na dose certa desde a vida pré-natal até idades muito avançadas.

Sintetizando as evidências expostas pela nova "cartografia cerebral", é importante saber que educar as inteligências múltiplas não representa um método de ensino cujo emprego impõe uma mudança profunda na forma como antes se trabalhava. Pelo contrário, estimular inteligências com procedimentos, atividades, jogos e estratégias é possível, não é complicado, não envolve custos ou despesas materiais significativas, e pode ser desenvolvido em qualquer faixa etária e nível de escolaridade, no lar e em sala de aula, através de qualquer disciplina do currículo ou sem necessariamente sua associação a saberes escolares convencionalmente trabalhados.

Um detalhe significativo do desenvolvimento de estímulos cerebrais é a postura interrogativa do mediador. Existe inequívoca diferença na ação cerebral de uma criança ou adulto quando é perguntado de maneira inteligente, ou quando responde a uma pergunta buscando somente informações registradas em suas memórias. Uma resposta que não envolve nenhuma reflexão representa quase sempre o ponto final de uma dúvida e, tal como uma ordem, chega ao cérebro sem desafios, sem suscitar continuidade reflexiva. Pelo contrário, qualquer questão intrigante, desafiadora, propositora, sugestiva envolve a mente em desafiador e intrigante estímulo. Os sinais de interrogação ou de exclamação, por exemplo, são apenas dois símbolos gráficos que nos ajudam a dialogar. Presentes em inúmeros textos, são ainda mais frequentes na conversa de todo dia. Esses dois símbolos gráficos, entretanto, dependendo da forma como vierem a ser utilizados por pais e professores, podem representar uma forma de bloquear ou estagnar o desenvolvimento dos centros de linguagem ou, ao contrário, estimulá-los de forma dinâmica, agitando os neurônios, promovendo sinapses muito mais intensas e, dessa forma, levando a criança ou a pessoa desafiada a pensar mais e melhor. Em uma sala de aula ou mesmo em uma atividade educadora não formal, perguntas que apelam à busca na memória ou que suscitam pensamentos operatórios marcam diferenças acentuadas entre o domínio simples de informações ou a capacidade de reflexão e contextualização destas na realidade e competências operacionais ditas inteligentes. Questões "fechadas", ordens verbais para serem cumpridas, perguntas que exigem apenas o "não" ou o "sim" não estimulam, não envolvem neurônios nem sinapses, não criam pensamentos. Robotizam a mente, emparedam-na na concisão da resposta, aprisionam-na nos estreitos limites do "aqui" e do "agora".

As questões interrogativas são diferentes.

Representam propostas apresentadas pelo educador que não aguardam a expectativa infalível da "resposta certa", mas sim a surpresa do pensamento que a elaborará e saberá fazer, a partir dessa resposta, outras e mais outras perguntas;

a ação desses desafios sobre a linguagem e os pensamentos é incomensurável. O "instinto" da linguagem já nasce com a criança, e com ela a capacidade de construir uma verdadeira "gramática universal". Essa peça genética, entretanto, não pode dispensar o auxílio desafiador de questões que envolvam o ponto de interrogação e o surpreendente impacto de perguntas desafiadoras sobre a capacidade de pensar, as inteligências em expansão e a competência social e profissional que essa pessoa desenvolverá.

» **XXVIII**

Educação da inteligência e pensamento operatório

Sem pensamento não existe ação e sem ação a vida é impossível. O poder do pensamento, dessa maneira, é essencial ao homem, do simplório garimpeiro ao sábio respeitado. Mas qual é o tamanho desse poder?

Os sábios do Egito e da Índia antigos acreditavam que ele era o ponto inicial da criação, a força que deu existência a tudo o que existe. Um antigo texto egípcio (provavelmente já conhecido milhares de anos antes de seu registro, em 700 a.C.) afirmava que o pensamento deu à luz os deuses e que toda ordem divina somente passou a existir através do que o coração pensou e a língua ordenou. Para os egípcios daqueles tempos, Deus ou Brama pensou o mundo e deu-lhe existência a partir de si mesmo.

Essa ideia, entretanto, foi mais tarde rejeitada. Para Platão, o deus criador criou o Universo não a partir do nada, mas reorganizando o que já existia. A própria teoria do *Big Bang* é parecida com mitos antigos da criação: a matéria já existia quando ocorreu o *Bang,* explosão que a redistribuiu pelo espaço. Mas para os sábios da antiga Grécia o pensamento e o sentimento representam a força criadora de tudo o que existe. Pensamento e sentimento podem, assim, ser definidos em termos mútuos: o sentimento é pensamento não formulado, pensamento é sentimento expresso de maneira comunicável.

Os valores cristãos, mais tarde, também associaram o pensamento à criação, mediante fórmula derivada da filosofia grega: "No princípio, era o Logos" (literalmente, o pensamento), geralmente traduzido por "o Verbo". O Antigo Testamento, dessa forma, destaca o tema: o mundo é uma encarnação da força do pensamento: nem mais, nem menos. O que não se discute, há muito tempo, em ciência e filosofia, é que o pensamento é tudo e sem ele não existe o resto.

Isso não é novo. Relativamente "nova" é a descoberta do cérebro com os avanços das ciências da cognição e a certeza de que é impossível e desnecessário ensinar a quem quer que seja a pensar, mas que, se desejarmos, não é utopia ajudar pessoas a pensar melhor. Com o pensamento operatório, a ação ganha sentido e a vida descobre a beleza.

Mas o que significa especificamente "pensamento operatório"? Reflita sobre a cena descrita a seguir:

— Papai, estou com sede, quero um copo de água!
— Aqui está, meu anjo. Agora que você já matou a sede, por favor, me conte. Se um dia você estivesse exatamente aqui e tivesse sede, sem ninguém por perto, como faria para tomar água?
— Ah, eu subiria na cadeira e pegaria a água!
— Como? Chegaria à altura do filtro e colocaria a boca na torneira?
— Não, papai. Eu levaria um copo!
— Excelente. Mas digamos que não houvesse por perto copo algum?
— Ah, então eu usaria uma caneca!
— E uma panela, por acaso, não serviria?
— Ah, pai. A panela serviria, mas seria mais difícil...

Horas depois ou no dia seguinte:

— Mamãe, estou com fome. Você não poderia fazer um lanche para mim?
— Claro que sim, meu amor. Estava exatamente pensando nisso agora. Mas, enquanto preparo, por favor, me fale. Se você tivesse que ensinar ao papai como fazer o lanche, como explicaria?
— É fácil, mamãe. Eu diria a ele para, primeiro, pegar o pão!
— Muito bem. Faz de conta que já peguei esse pão. Como ele vira um lanche?
— Mamãe, para o pão virar lanche, precisa cortá-lo com uma faca...
— Cortar em quantos pedacinhos?
— Não, mamãe. Não falei para cortar em pedacinhos. Cortar ao meio, em duas partes iguais...
— Ah, entendi! Cortado ao meio, o seu lanche já estaria pronto?
— Não, não e não, mamãe. Precisa também pegar o queijo ou o presunto. Ou os dois...

Para quem ouve esses diálogos, é apenas um desafio para crianças de quatro a seis anos. Diálogo descompromissado entre criaturas que se amam e admiram. Para educadores que conhecem os mistérios maravilhosos das árvores dos neurônios cerebrais, é uma conversa cheia de desafios, ousadias do pensamento. Um caminhar por estímulos ao pensamento operatório.

Estudos neurológicos recentes revelaram que pessoas que tocam um instrumento musical apresentam mudanças no mapeamento cerebral idênticas às de pessoas que apenas imaginaram estar tocando o instrumento. Como enfatiza Norman Doidge (*O cérebro que se transforma*, obra publicada em mais de cem países), existe algo como um "teatro virtual" se realizando a todo momento dentro da cabeça de cada um de nós. Por parecer real, tudo o que uma pessoa imagina se torna um gatilho para ações e emoções, e, dessa forma, perguntas desafiadoras e congruentes são capazes de estimular centros de prazer do cérebro da mesma maneira que a presença de um ato ou circunstância alegre.

Dessa maneira, podemos dizer que "pensamentos operatórios" são atos mentais que produzem alterações positivas no mapeamento cerebral que abre inteligências, aviva emoções, desperta bons sentimentos e que mais bem nos revela quem verdadeiramente podemos ser. Miguel Nicolelis (*Muito além de nosso eu*, Companhia das Letras, 2011, p. 55) enfatiza: "A maior parte da informação sobre o ambiente onde vivemos e o corpo que habitamos chega ao cérebro como resultado de comportamentos exploratórios iniciados por ele mesmo. A percepção é um processo *ativo* que começa dentro da mente e não na periferia do corpo de carne e osso que constantemente entra em contato íntimo com o universo". Percebe-se, portanto, a importância essencial de "comportamentos exploratórios" disparados pelo gatilho incentivador de perguntas congruentes e desafiadoras.

Por esse motivo, não é necessário que a criança corra o risco do tombo ao subir na cadeira ou na visita perigosa ao fogão, mas é essencial que desafios dessa natureza sejam propiciados sempre sem excesso, pois estimulam a mente, exercitam experimentos, constroem e exploram mecanismos neurais de inteligência e criatividade. Cabe observar que os exemplos acima podem se multiplicar indefinidamente, não para serem usados até os limites do enfado, mas para uma ou algumas vezes por dia provocarem pensamentos operacionais e instigarem as inteligências. Qual é o preço de atitudes como essas que a prática aos poucos transforma em rotina saudável? Impossível quantificar. Não há preço algum, despesa nenhuma. Mas, se não existe preço, há valor imenso, incomensurável. Pois, ao instigar o cérebro infantil, ensina-se a pensar, animam-se as inteligências.

Pense agora em outra situação. A criança ouve do pai, ou de outro adulto que tem o compromisso de formá-la, a afirmação: "Resolva você mesmo", ou: "Não responderei à sua pergunta, mas vou ajudá-lo a encontrar a resposta".

Dizer a uma criança, no lar ou na escola, a frase acima pode ter dois sentidos distintos e que se opõem. "Resolva você mesmo" pode ser autoritarismo, arrogância, sentimento de descaso, ação de desprezo à inteligência infantil. Dita para que cause afastamento do adulto, algo que simboliza a vontade de distância, o alto preço do descaso, a mágoa da indiferença. Mas, quando o "não responderei à sua pergunta, mas vou ajudá-lo a encontrar a resposta" surge como proposta de desafio e se acompanha de ferramentas para a ação infantil, ou mesmo para adolescentes, é frase admirável que instiga o pensamento operatório e, portanto, a inteligência, provoca a criatividade, ajuda o uso de habilidades operatórias e a plenitude da competência, que bem se expressa pelo buscar "saber fazer".

Escolas e lares empobrecidos pela proposta inteligente e as ferramentas essenciais de múltiplos desafios são ambientes negativos à educação infantil em uma idade admirável que anseia por pequenos problemas, busca com intensidade e com sofreguidão a oportunidade de aprender fazendo, criar hipóteses e transformar ideias em ações.

Escolas e lares privilegiados pela inteligência desafiadora do pensamento operatório são entidades plenas de expressões de carinho que acreditam na inteligência, semeiam a criatividade. É por essa razão que essas palavras, ou outras que de igual forma incitam à ação, são preciosas não pelo que expressam, pois podem exibir o descaso marcante da indiferença, mas pela propriedade de acender pensamentos operacionais e de acreditar na fulgurante inteligência que começa a explodir por volta dos cinco anos e cujos reflexos ainda por muitos anos persistem.

» **XXIX**

A teoria das inteligências múltiplas

Habitualmente, conceitua-se "inteligência" como a faculdade de aprender, decodificar símbolos e, portanto, compreender.

Representa, portanto, a perspicácia e a agilidade do cérebro de se adaptar a situações novas, a capacidade de resolver problemas e criar ideias, ferramentas ou produtos que sejam aceitos socialmente. A palavra "inteligência", assim, corresponde à maneira de entender e interpretar, e de aceitar as diferenças. Todas as pessoas mentalmente saudáveis são inteligentes, ainda que o grau dessa notável capacidade humana varie bastante de uma pessoa para outra. Inteligência é saber ordenar pensamentos, mas também ter coragem e ousadia para fazê-lo. Consiste em levar a atividade mental a ajustar-se à realidade e a ultrapassá-la, inventando e promulgando fins. A palavra "inteligência", em seu sentido etimológico, denota a capacidade de discernir entre diferentes alternativas e ser capaz de uma decisão oportuna. Enfim, inteligência é, antes de tudo, a perspicácia que ela possui de criar-se a si própria.

Durante muito tempo, acreditou-se que cada pessoa era portadora de somente uma inteligência, mas essa ideia foi abalada desde o final do século passado, quando Howard Gardner, professor adjunto de neurologia da Boston School of Medicine e de psicologia da Harvard University, nos Estados Unidos, alertou-nos de que, na verdade, possuímos múltiplas inteligências, e não apenas uma inteligência geral. As provas apresentadas para justificar a diversidade das inteligências humanas expostas por Gardner não são difíceis de aferir.

A lesão ou disfunção parcial do cérebro humano implica a perda de ações relativas às inteligências específicas dessa área atingida, mas não todas. Se, em vez de muitas, houvesse apenas uma inteligência, a lesão inutilizaria o ser humano de maneira geral e não de forma específica.

Além disso, também a manifestação da genialidade humana destaca desempenhos extraordinários geralmente específicos. Einstein, por exemplo, não era portador de "uma" inteligência incomum, mas de genial inteligência lógico-matemática. Shakespeare, por sua vez, destacou-se por elevada inteligência linguística. Como eles, a maior parte dos indivíduos considerados gênios tinha potencialidades específicas. Talvez, apenas Leonardo da Vinci, Goethe e alguns poucos tenham expressado sua genialidade em mais de uma inteligência específica.

Ao lançar sua teoria, em 1985, Gardner falava em sete inteligências, mas estudos e pesquisas posteriores elevaram esse número para nove, admitindo que tal diversidade possa ainda vir a ser ampliada quando ainda mais profundamente se conhecer a mente humana. Não pretendemos, neste capítulo, discutir a "teoria", e sim a "prática" das múltiplas inteligências, mas todos os que desejarem conhecê-las mais profundamente podem buscar subsídios no próprio Gardner, citado na bibliografia, ou mesmo em outros textos desenvolvidos por esse autor.

A probabilidade da existência de diversas inteligências na pessoa humana não representa apenas novos conceitos sobre motivação e estímulos, mas principalmente um novo olhar sobre os seres humanos. Antes de Gardner, um teste de verificação do cociente intelectual servia para qualificar quem era mais ou quem era menos inteligente. Com a utilização de sua teoria, essa aferição já não é possível. Uma pessoa pode, por exemplo, possuir notável dotação em uma inteligência e fraco desempenho em atividades que requerem outras – dessa maneira, será muito inteligente em atividades específicas, ainda que não necessariamente inteligente em tudo. Garrincha, notável jogador de futebol dos anos 1950 e 1960, por exemplo, possuía expressiva inteligência cinestésico-corporal, ainda que mostrasse limitações significativas em outras inteligências. Esse exemplo se transfere com extrema propriedade para qualquer agrupamento de pessoas, como uma sala de aula.

Alguns alunos podem se destacar muito nas inteligências linguísticas e lógico-matemáticas, enquanto outros, talvez menos competentes nestas, poderão ser bastante expressivos em atividades que suscitem outras inteligências. A concepção que emerge dessa teoria é que ninguém é excelente em tudo, mas todos são excelentes em alguns itens.

Em linhas gerais, portanto, todas as pessoas sem disfunções cerebrais agudas apresentam, em diferentes níveis de grandeza, as seguintes inteligências: espacial, cinestésico-corporal, lógico-matemática, naturalista (ou ecológica), linguística, musical (ou sonora), intrapessoal, interpessoal e existencial. As características determinantes de cada uma das inteligências propostas por Howard Gardner seriam:

Espacial

Essa inteligência se manifesta na capacidade que temos de perceber nosso espaço, relacionando-o com aquele que nos cerca, administrando as direções, as distâncias e os pontos de referência. Uma alta inteligência espacial torna perceptível a imaginação de objetos no espaço, transformando suas posições. Quando imaginamos um corpo geométrico em movimento, é a inteligência espacial que se evoca, e é a inteligência que se manifesta na arquitetura, se apresenta nítida em motoristas que se orientam com desenvoltura pelas ruas da cidade, em especialistas em linguagens gráficas e incita a visualizar imagens tridimensionais.

Cinestésico-corporal

A inteligência cinestésico-corporal é a inteligência do movimento, é a que usamos na mímica, na dança, na prática de esporte. Como as demais inteligências, é comum em todas as pessoas, mas se mostra mais nítida nos que fazem do corpo ou dos órgãos uma ferramenta de comunicação e expressão, como grandes esportistas, bailarinas e ginastas que encantam e surpreendem pelos movimentos que executam e parecem impossíveis a outros executarem. A característica essencial dessa inteligência é a capacidade de usar todo o corpo ou apenas parte dele de maneira altamente diferenciada e hábil para um propósito específico.

Lógico-matemática

Essa inteligência nos coloca em confronto com o mundo e a quantidade de elementos presentes nele. Quantas canetas estão neste copo em minha mesa? Quantas são da mesma cor? Um simples olhar para a mesa onde o copo se apoia, permite o confronto desses objetos, ordena-os, avalia sua quantidade e expõe o domínio lógico-matemático. Essa inteligência se encontra ligada à competência de compreender os elementos da linguagem lógico-matemática e permite ordenar símbolos numéricos e algébricos, assim como limites, espaço e tempo. Presente na engenharia, na física e na matemática, também se manifesta na contabilidade, em engenheiros, programadores de computação e outros profissionais que recorrem à lógica e aos números.

Um detalhe importante nessas considerações é perceber que descrições específicas de uma ou outra inteligência não implicam que, na observação de uma pessoa, essa distinção seja assim tão nítida. Se observarmos uma criança brincando com seu carrinho, ao fazê-lo deslizar por ruas imaginárias, ou sua boneca, ao acomodá-la na "casa de mentirinha", é a espacialidade que ela usa, simultaneamente à destreza das mãos que movem e acariciam o brinquedo, ou o pensamento que ordena, classifica e conta as coisas que estão à sua volta ou que imagina que estão. Essa criança usa, em seu singelo brincar, ao mesmo tempo, as três inteligências antes descritas e as outras que a seguir descrevemos.

Naturalista

A inteligência naturalista, também conhecida como ecológica, diz respeito ao fascínio que nos desperta o mundo natural, como, por exemplo, a linguagem das flores ou a dança das borboletas. A inteligência naturalista está sempre associada à sensibilidade de percepção e compreensão dos elementos naturais e da interdependência entre a vida animal e vegetal e os ecossistemas, e a leitura coerente e racional da natureza em todo o seu esplendor. Marcante no naturalista, botânico, jardineiro e paisagista, tem em Charles Darwin seu expoente mais extraordinário.

Linguística

A inteligência linguística se associa à capacidade de compreender e dominar as expressões da linguagem, colocando em ação a semântica e a beleza na construção da sintaxe. Geralmente elevada em poetas, escritores, jornalistas, professores, oradores, mostra-se também expressiva em quem se encanta com o culto da palavra e com a construção de ideias verbais ou escritas. Consiste na capacidade de pensar com palavras e usar a linguagem para expressar ideias e sentimentos. Crianças que adoram histórias, gostam de ler e de contar histórias, imitam cantores e locutores e sentem imenso prazer em jogos que envolvam palavras, deliciando-se com charadas, rimas ou trava-línguas, e usam a linguagem para criar respostas surpreendentes são em geral portadoras de elevada inteligência linguística.

Musical ou sonora

É a inteligência expressa na capacidade de combinar sons e compor melodias, manifestando-se com esplendor em maestros, músicos, compositores ou mesmo em pessoas que se imaginam incapazes de cantar profissionalmente, mas apreciam o canto e a música, ligando-os aos desafios de seu dia a dia. Destacam-se pessoas com extrema sensibilidade para a entoação, ritmo, melodia e tom. Quando a criança adora cantar, mostra-se sensível ao som e seus ambientes e busca brinquedos sonoros, recordando-se facilmente de ritmos e melodias, mostrando motivações expressivas para querer aprender a tocar um instrumento musical, geralmente, apresenta acentuada inteligência sonora.

Intrapessoal

A sensibilidade e a capacidade de sentir o outro em si, que caracteriza a empatia, dão sentido à inteligência intrapessoal. Mais forte em alguns que em outros, praticamente ausente em desvios psicopáticos, é a inteligência de quem tem grande facilidade de estabelecer relações afetivas com o próprio eu, construindo uma percepção apurada de si mesmo, fazendo despontar a autoestima e aprofundando o autoconhecimento de sentimentos, temperamentos e intenções. Presente de forma mais acentuada em psicanalistas, mostra-se bem caracterizada em assistentes sociais e conselheiros, independentemente de suas profissões.

Interpessoal

Quem sou eu? O que me leva a pensar? Por que existe o sentimento de afeto? Por que amo e quem me ama? As respostas a essas questões compreendem "o senso do eu" e a dimensão interior da inteligência interpessoal. Inteligência extremamente nítida em pessoas que revelam extrema capacidade de compreender a natureza humana em si mesmas. Quem possui essa inteligência em grau acentuado muitas vezes valoriza o ficar "consigo mesmo".

Existencial

Essa inteligência está ligada à capacidade de se situar sobre os limites mais extremos do cosmos e também em relação a elementos da condição humana, como o significado da vida, o sentido da morte, o destino final do mundo físico e ainda outras reflexões de natureza filosófica ou metafísica. Marcante em pessoas com forte espiritualidade, é a inteligência dos filósofos, sacerdotes, xamãs, gurus e outros. A criança com acentuada inteligência existencial parece possuir forte motivação mística, acolhendo com entusiasmo mensagens e pensamentos espirituais, colecionando frases filosóficas e citações com fundo moralista.

Como se percebe nesses exemplos, em maior ou menor escala, todos possuímos todas as inteligências, e por muito tempo se acreditou que as inteligências humanas não eram estimuláveis e se acolhia a bagagem hereditária como destino imutável. Estudos e pesquisas mais abrangentes sobre a mente humana sugerem que esse fatalismo não mais precisa existir. Conhecer nossas inteligências é o primeiro passo para seguramente, se assim desejarmos, buscar aperfeiçoá-las. Além disso, existe inegável relação entre nosso elenco de inteligências, a forma como as utilizamos e o sucesso ou eventual insucesso nas profissões que exercemos. Um cérebro dotado de múltiplas inteligências não é atributo do homem contemporâneo. Pelo contrário, a seleção natural, ao levar-nos das savanas da África para as cidades do mundo moderno, foi progressivamente esculpindo nossas diferentes inteligências.

» **XXX**

A educação de adultos, a tutoria e o ensino a distância

Épossível a qualquer pessoa, independentemente de sua certificação ou habilitação profissional, alcançar a plenitude das competências para uma tarefa, exercê-la de maneira admirável, e nem por isso acreditar que a ausência de uma certificação específica impede esse exercício. A mãe cuidadosa que cura o joelho machucado do filho imprudente não é necessariamente uma enfermeira, não é *chef* de cozinha o advogado que serve aos amigos o churrasco inesquecível, e não é necessário formação de arquiteto para se planejar a distribuição de espaços na casa do sítio. Isso sucede também com quem assume a condição de tutor na educação a distância. Esse exercício, se for impossível contar com a presença de professor devidamente habilitado, pode ser realizado por outro adulto instruído e competente que, com atenção, vontade de aprender e algumas "dicas" interessantes, pode chegar ao êxito, fazendo-se verdadeiro "educador". Este capítulo procura destacar desafios, alternativas e questões significativas para um trabalho eficiente de tutoria, criando excelentes "educadores" mesmo sem uma certificação de professor.

1. Os desafios

A maior dificuldade que um tutor enfrenta no ensino a distância está menos nos alunos que nele mesmo. É a crença ou ingenuidade de que, não sendo professor, não se sente capaz. Existem tarefas docentes que precisam essencialmente ser desempenhadas por professores, mas ajudar um aluno em um ensino a distância, acompanhar seus passos, passar-lhe segurança ao responder a suas dúvidas, ajudá-lo, enfim, a aprender bem é tarefa possível a quem se empenha. Não fosse assim, as mães jamais ensinariam, e com os amigos nós nunca aprenderíamos. Se o tutor carrega em si a insegurança, transmite-a aos alunos e, nesse sentido, não faz um trabalho excelente não é por não ser capaz, mas por não se sentir competente.

Outro desafio importante e que, certamente, nasce com o primeiro é atuar com excessiva complacência e ser tolerante em excesso. Todo tutor deve ser afetivo, amigo, solidário, mas essencialmente firme e coerente, cobrando dos alunos a tarefa que lhes cabe. Afetividade é "querer bem", e quando se quer bem a uma pessoa é preciso ser firme, coerente e, se necessário, exigente. Experimente mostrar insegurança a uma criança de três anos e, em pouco tempo, ela o escravizará, e isso não é diferente com os alunos. Por respeitá-los e querer sua prosperidade, é preciso ser exigente, sem ser rude, e firme, ainda que com muita educação. Se o aluno não se interessa, cobre seu interesse; se larga para amanhã o que deveria ter feito ontem, não hesite em adverti-lo. Todo aluno precisa sentir-se seguro; jogador de futebol algum joga bem quando percebe que o árbitro apita com medo.

O terceiro desafio se relaciona a gostar do que se faz e não ocultar dos alunos esse sentimento de paixão. Pesquisas informais realizadas entre alunos destacam que eles não gostam muito dos professores que sabem mais – eles gostam muito mais dos que, dedicados, mostram alegria e felicidade em cumprir sua tarefa com compromisso e entusiasmo. Não faça segredo de que gosta do que faz e faz por que tem convicção de que essa é sua maneira de acreditar nas pessoas e garantir o amanhã. Não há por que sentir vergonha em se apaixonar, não hesite em proclamar que é educador da cabeça aos pés, ainda que não seja professor com certificação.

2. Alternativas

A grande tarefa de um tutor não é "ensinar" os alunos, mas ajudá-los a aprender. Não, não se trata de prosaico jogo de palavras. Quem ensina é portador das informações e, em sala de aula, procura transformá-las em conhecimentos. Um tutor colhe as informações junto com os alunos; dessa maneira, seu papel é "traduzi-las aos alunos", tornando o difícil mais fácil. Essa figura de tradutor cai muito bem nesse contexto, pois o papel do tutor é verificar se os alunos atribuíram significado ao que viram e ouviram, e se, portanto, compreenderam bem. Um bom jeito de aferir essa significação é fazê-los falar com suas próprias palavras, ajustando as informações ao seu vocabulário pessoal e fazendo-as presentes no contexto da realidade de cada um.

Imagine que o que seu aluno vai aprender é como algo que ele adoraria comer. Dessa forma, coloque "tempero" nas informações recebidas, pedindo aos alunos que as repitam com outras palavras, associando-as ao entorno em que vivem. Não ministre uma aula, mas converse sempre, ouça muito, faça brincadeiras, deixe-os "brincar" com as informações ouvidas, como que colocando sal e pimenta no alimento servido.

3. Questões significativas para uma aprendizagem eficiente

Conhecimento recíproco

Converse com os alunos, fale de você e de seus gostos e ouça-os com atenção. De maneira informal, apresente-se e deixe-os se apresentarem. Pergunte o que esperam da aprendizagem, o que esperam do tutor e jamais "feche a porta" para uma queixa, uma crítica. Aprenda a conhecer os alunos e sinta que são membros de uma mesma equipe, tijolos de uma mesma construção, ainda que com papéis e funções diferentes.

Aprendizagem significativa

Não aceite respostas decoradas. Tenha respeito pelos papagaios na selva, não em momentos de aprendizagem. O cérebro humano é incapaz de reter tudo quanto não apresenta significação. Quer ver?

1. Feche os olhos e pense em uma praia.
2. Procure pensar em uma ricicireta?

Veja que a palavra "praia" acendeu uma luz em seu cérebro e iluminou sua lembrança; já a palavra "ricicireta" nada representou, exatamente porque nada significa. Nunca deixe que uma palavra não compreendida atrapalhe a aprendizagem do aluno.

Explore as competências existentes nos alunos

Competência, no plano educativo, significa "saber fazer em determinado contexto"; por isso, ajude os alunos a transformar as informações colhidas em experimentos, fazendo-os falar em que usariam o que estão aprendendo. Mostre-lhes que quem sabe algo sabe fazer uso desse algo, mesmo que seja um uso improvável, mesmo que seja apenas um exercício mental.

Explore as habilidades dos alunos

Você sabe "comparar" um homem com uma mulher? Nesse exemplo, o verbo "comparar" é uma habilidade. Por essa razão, ajude os alunos a usar o que estão aprendendo comparando, resumindo, classificando, aplicando. Convide assim os alunos, em grupos, a exercitar essas habilidades usando os fatos apreendidos e "comparando-os" com outros fatos já sabidos, resumindo o que foi ouvido, "classificando" informações e assim usando sempre muitas habilidades verbais.

Ajude os alunos a se valer de diferentes linguagens

Peça a um grupo que faça a letra de um "sambinha" sobre o que aprenderam, a outro que ilustre os fatos com um desenho, a um terceiro grupo, que crie uma colagem, a mais outro, a experiência de tentar explicar com mímicas o que está estudando. Um bom tutor é sempre um "alfabetizador de linguagens" para que os alunos percebam essa multiplicidade de formas usadas para comunicar ideias. Pense em alguém que ama e repare que você pode "falar" a esse amor com os olhos, com um sorriso, uma flor, uma foto e de inúmeras outras formas. Um breve olhar sobre a vida e o tempo revela as inúmeras linguagens que acompanham nosso cotidiano. Traga-as para os alunos.

Ajude os alunos a perceber que o essencial é menos importante que o "importante"

Um bom tutor ajuda bons alunos a aprender sempre que ensina como separar em tudo o que se aprende o que é mais importante e o que, embora importante, não é essencial. Pense que, quando você vai a um restaurante cujo prato é pesado na balança, você não escolhe tudo, mas o que no momento deseja comer. Isso sucede também com o que se aprende: sempre existem ideias mais importantes e outras não tão essenciais assim. Dê sempre maior valor às primeiras.

Nunca esqueça uma boa avaliação

Nunca saímos de casa sem verificar se não esquecemos nada, se apagamos as luzes, se fechamos as portas. Também o que ensinamos deve sempre ser avaliado com cuidado e atenção. Seja sincero ao apontar os erros dos alunos, mas não se esqueça de elogiar os acertos. Corrigir não é castigar. Um aluno, dessa forma, é avaliado por suas provas, mas também o é por observações do tutor que o acompanha dentro e fora de seu grupo através de entrevistas, trabalhos em grupo, anotações, esboços e outros recursos. Com esses elementos de observação, o tutor acompanha o desempenho de um aluno, mais ou menos como um médico que prescreveu um tratamento acompanha a recuperação do paciente.

Além disso, quando o tutor avalia o desempenho dos alunos, deve sempre se perguntar se o acompanhamento do desempenho e dos resultados está efetivamente ajudando o aluno quanto a suas capacidades básicas, suas dificuldades e à formação de critérios para que ele próprio se avalie.

» **XXXI**

Educação, criatividade e pensamento sistêmico

Boa parte dos professores e a quase totalidade dos gestores de escolas públicas ou particulares vivem intensamente a "síndrome do afogado". A quantidade de ocorrências e de eventos com os quais devem lidar simultaneamente parece impedir a concentração necessária para se dedicar a uma tarefa especificamente. O professor, por exemplo, tem que lidar ao mesmo tempo com conteúdos conceituais, estratégia de aula, competências a explorar, habilidades a sugerir, atenção dos alunos de maneira geral, questões disciplinares específicas, linguagens divergentes, avaliações contínuas. O gestor, por sua vez, administra em uma fração de segundos sua relação com autoridades, o envolvimento e a posição ausente ou persistente de pais, a ausência eventual de professores, a reclamação dos alunos e os desgastes inevitáveis das críticas contra meios e recursos. O resultado de tantas coisas acontecendo ao mesmo tempo e ao mesmo tempo reclamando soluções ocasiona em ambos a diária angústia da sensação de afogamento e a noção amarga de que, necessitando resolver um mundo de coisas a cada minuto, não é possível resolvê-las bem. Existe solução para isso?

A resposta parece-nos positiva e, se não impede a crise, pelo menos a mantém sob controle – essa solução nada mais é que a adoção de um pensamento sistêmico. Mas o que efetivamente significa pensamento sistêmico? A primeira ideia é pensar que toda escola é um "sistema" e uma sala de aula é um "sistema menor" inserido em outro, mais amplo.

A palavra "sistema" deriva do grego *sunistanai*, que originalmente significa "manter unido", e a consequente percepção daquele a quem cabe a responsabilidade de administrá-lo é que o sistema permaneça unido. Além da diretoria da escola e a sala de aula, sistemas são também organismos biológicos, o clima, as fábricas, o preparo de uma refeição, as entidades políticas, a família; enfim, todas as organizações possíveis de imaginar. Assumir um pensamento sistêmico significa ter sempre em mente essa estrutura, e administrá-la envolve, entre outras soluções, o uso de duas ferramentas: a capacidade de delegar e a disposição para dialogar. Gestores e professores que buscam assumir o pensamento sistêmico esquecem as "soluções imediatas", que servem apenas para apagar incêndios, e, progressivamente, transformam-se em administradores que evitam esses incêndios.

A ferramenta da delegação não representa a indiferença de jogar o problema para longe, achando que, "se a outro cabe resolver, a mim não interessa saber", mas a paciência de agregar pessoas, mostrar-lhes a complexidade que todo "sistema" envolve e indagar de que maneira e com quais estratégias cada um, em caráter definitivo ou temporário, pode assumir uma função e é capaz de sempre se reportar ao grupo sobre como está resolvendo as dificuldades. Desnecessário destacar que ingredientes essenciais dessa bela ferramenta são a confiança e a paciência. Quem não aprendeu a confiar na potencialidade do outro ou não possui paciência para esperar por seu progresso não sabe e não pode jamais delegar. A delegação eficiente, entretanto, sempre se completa pelo uso do neologismo "dialogação".

O diálogo, por sua vez, quando conduzido com brevidade e franqueza, constitui valioso antídoto para a fragmentação imposta pela sucessão dos afogamentos. Não necessita ser diário, ainda que precise ser frequente e deva, na medida do possível, integrar todo o grupo a quem funções diversas foram delegadas. Os professores de uma comunidade escolar são peças de um sistema que podem assumir a delegação específica de atuar em aspectos específicos da direção e em aspectos particulares de uma aula, sistema esse no qual, se alguns do grupo realizam certa tarefa, não mais existe a necessidade específica de que todos façam tudo.

Constitui uma forma de conversa não de quem presta contas, mas de quem quer levar as pessoas a sentirem-se integradas ao sistema e capazes de olhar além das vendas que colocaram nos próprios olhos. O bom e frequente diálogo encoraja os integrantes do sistema a substituir pressupostos por ações, tornando os problemas explícitos e encorajando o entendimento coletivo de suas origens. Dessa forma, ainda que cada delegação envolva vontade específica, nada impede que uns ajudem os outros a "carregar o piano". Mas, é evidente, assumir o pensamento sistêmico é uma arte que aos poucos se conquista; o uso da ferramenta do diálogo é também outra arte muito necessária.

Dialogar é abrir a conversa com duas ou mais pessoas, e essa palavra se opõe frontalmente ao monólogo, que é uma conversa interior que fazemos para que outras ouçam ou que praticamos surfando pelos nossos próprios pensamentos. Mas, embora haja uma imensa diferença entre monólogo e diálogo, existem muitos gestores e muitíssimos professores que fazem "monólogos a dois ou a muitos", isto é, falam para uma coletividade, mas não conversam com ela. É até possível compreender essa limitação. Professores habituados a expor nem sempre se qualificam para ouvir, e alguns que fingem que ouvem, na verdade, apenas permitem a fala do outro para usufruir do privilégio de impor a "sua" própria fala. É evidente que pessoas com dificuldade de dialogar necessitam superá-la urgentemente para que possam se integrar a um pensamento sistêmico coletivo. Assim, dialogar é uma arte que se aprende e uma postura que com paciência e persistência se assume.

Quando essa barreira é superada e o grupo tem liberdade crítica para se corrigir, a tarefa da delegação torna-se realista, e o bom diálogo a referenda. Para isso, sugerimos algumas estratégias que necessitam ser adaptadas à realidade específica de cada grupo e aos problemas gerais de toda escola. Assim, é sempre importante que a "sessão de diálogo" ou o bom e saudável convívio entre pensamentos se apoie em quatro ações:

- Toda sessão de diálogo necessita ser aberta com um "*check-in*" no qual cada participante possui tempo limitado e oportunidade para expor seus problemas e sua ação, e termina com um *"check-out"*, quando se analisam com realismo e coragem os passos percorridos e os desafios a superar.

- Ainda que cada integrante da equipe tenha noções claras das metas e fundamento de cada sessão, é importante que se evitem, salvo em situações excepcionais, agendas fixas, pois estas inibem os fluxos livres de pensamentos e a oportunidade democrática de todos sentirem-se integrantes do sistema.

- Infelizmente, o "respeito pelos horários" não faz parte da genética brasileira; por essa razão, é essencial ter bom humor e seriedade no cumprimento e fidelidade aos horários. Ainda que alguns possam estranhar a princípio, é interessante a exaltação da "pontualidade britânica" para o início e o fim de cada sessão, e isso se resolve quando se delega a um dos membros do grupo a função de "cronometrista", ou ainda quando um painel à porta obriga quem chega a assinar sua presença, marcando ao lado o horário de chegada. É também essencial que exista certa "solenidade" nessas reuniões e que jamais possa se perder com temas paralelos ou desabafos pessoais, posto que para isso sobram outros instantes.

- Que sempre se pense que existe um "centro" do grupo a quem e para quem se fala, e não uma dinâmica na qual pessoas conversam com pessoas. Não nos parece essencial que essa adesão ao centro seja tarefa deste ou daquele, mas consciência comum que cabe a todos cobrar.

Quando essas medidas (ou, eventualmente, outras de caráter específico) transformam-se em uma espécie de cultura coletiva assumida, os problemas ganham significado, o grupo assume a consistência de "camisas vestidas em comum" e o sentimento de equipe torna todos mais conscientes de que viver plenamente o pensamento sistêmico pode representar vontade e lição que, para outros aspectos da vida, vale a pena preservar.

» **CONCLUSÃO**

A educação construindo uma nova escola

Qual dos dois braços do corpo humano é o mais importante? Qual das duas pernas? Qual é o hemisfério cerebral de maior valor para nossa vida? O direito ou o esquerdo?

Se olharmos com atenção a essência dessas questões, veremos que uma resposta incisiva é impossível. Se formos destros, usamos muito mais o braço e a perna direitos, e, se pertencemos ao sexo masculino, somos comandados bem mais pelo hemisfério cerebral esquerdo, mas o maior uso não implica maior importância. Um braço e uma perna sempre ajudam o membro oposto; quando temos um deles ferido, sentimos quanto vale essa ajuda. Referência igual se aplica ao comando cerebral. Os homens são, em geral, mais conduzidos por ações do hemisfério esquerdo, mas não seriam nada se tivessem disfunções no lado direito; se, para as mulheres, essa lateralidade se inverte, é também impossível confundir maior uso com maior importância.

Estamos, com essas considerações, querendo refletir sobre dois pilares que devem representar a educação no século XXI, e podemos nesta ou naquela contingência explorar mais intensamente um deles, sem jamais esquecer a importância do outro. E quais seriam eles?

Acreditamos que a resposta deva ser uma educação plenamente voltada para a inclusão e a sustentabilidade. A primeira, acolhendo com integridade e justiça a todos e atribuindo novo conceito à ideia de "diferenças", e a segunda, percebendo que nunca como agora a garantia aos ainda não nascidos depende essencialmente da educação. Em momentos como os de agora, em que a eletrônica torna infinitamente ágil a informação, os teclados substituem a letra cursiva e os *tablets* afastam para longe os textos impressos, novas prioridades precisam se impor e nenhuma delas é tão significativa quanto a inclusão e a sustentabilidade.

Inclusão não pelo fato de que se tenha apenas gesto de ternura aos diferentes, mas pela falência do verdadeiro sentido do que hoje em dia significa "ser diferente". Com a maior compreensão sobre o cérebro humano e suas múltiplas diversidades, morre rapidamente a ideia do "homem médio" de Quetelet e se impõe como valor insofismável a certeza da "anormalidade universal", que destaca que aceitar qualquer outro significa compreender a imensa gama de suas diferenças e imperfeições. Como não mais existem pessoas "verdadeiramente normais", inexistem as anormais, e a educação precisa fazer nascer novos tempos de empatia, flexibilidade e tolerância. Qualquer anomalia em qualquer pessoa não faz dela menos "estrangeira" para nós do que o vizinho que nasceu em outras terras e cuja língua ainda precisamos aprender.

E sustentabilidade não como preocupação de sobrevivência imediatista, mas pela certeza de que, sem o planeta, não sobrevivem nossos anseios de futuro e a esperança dos que nos substituirão. Negar essa proteção imediata é como fechar-se no egoísmo e renunciar à compreensão de que ainda é possível amar quem vai nascer. A ideia de sustentabilidade abriga a ideia da criança e do divino e a consciência de nossa fugaz transitoriedade.

A escola necessita mudar, e a mudança não espera. Nunca como agora foi tão essencial conjugarmos braços, pernas e cérebros para edificar os pilares essenciais da nova educação. Sem eles, tudo o que uma escola pode fazer é quase nada.

» GLOSSÁRIO

Palavras e conceitos mais frequentes na abordagem de temas ligados à pedagogia e educação

Academia – Escola filosófica ligada a Platão, criada em 378 a.C. Essa palavra, atualmente, se aplica a qualquer escola filosófica ou não. Estabelecimento de ensino superior de ciências ou artes. Sociedade de escritores, artistas ou cientistas. Conjunto dos estudantes de uma instituição escolar.

Acalculia – Disfunção cerebral que afeta a capacidade de compreender e desenvolver operações aritméticas simples.

Adaptação – Conjunto de atividades que pretende colocar o educando em sintonia com os demais colegas e levá-lo a conviver harmoniosamente com novas aprendizagens. Conjunto de modificações pelas quais um organismo se põe, pouco a pouco, em harmonia com novas condições de existência.

Afasia – Perda total ou parcial da função da palavra, quer da expressão da função verbal, quer da função da compreensão. Enfraquecimento da capacidade de compreensão e transmissão de ideias através da fala.

Alfabetização emocional – Processo educacional que visa o conhecimento e a relativa capacidade de administração e controle das próprias emoções e que não se restringe à idade da alfabetização e letramento convencional.

Alienação – Perda de identidade individual ou coletiva. Refere-se a professores quando perdem a identidade e a consciência sobre a ação transformadora da aprendizagem e mantêm-se alheios ao ambiente. Anomalia psíquica que torna o paciente incapaz de se comportar de maneira normal na sociedade.

Analgognosia – Perturbação patológica caracterizada pela incompreensão da significação de uma dor sentida e por uma ausência de relações de proteção ou de defesa, com a manutenção de reações afetivas.

Analfabetismo funcional – Termo empregado para designar pessoas acima de 18 anos, mas com menos de quatro de escolaridade. Embora dominem rudimentos primários de leitura e eventual conhecimento dos números, não interpretam nem compreendem um texto e não realizam operações aritméticas simples.

Apraxia – Distúrbio no controle do movimento corporal causado por dano cerebral. Perturbação na motricidade caracterizada pela incapacidade de realizar atos voluntários adaptados sem que haja paralisia.

Aprendizagem – Conjunto de atividades que conduz uma pessoa a se transformar, adquirindo novos hábitos, atitudes e habilidades decorrentes da construção e significação de conhecimentos adquiridos. Mudança relativamente duradoura de conhecimento, comportamento e compreensão que resulta da experiência. Ação ou efeito de aprender.

Aprendizagem significativa – Processo ou meio através do qual uma nova informação se relaciona, de maneira substantiva, a um aspecto relevante da estrutura cognitiva. Para o educador Ausubel, opõe-se à aprendizagem mecânica, na qual as novas informações são assimiladas sem interagir com conceitos relevantes existentes na estrutura cognitiva da pessoa.

Aptidão – Capacidade para realizar alguma coisa ou tarefa com destreza e prazer. Conjunto de habilidades desempenhadas por um indivíduo. Faculdade de poder fazer alguma coisa; habilidade, vocação. Disposição virtual que, por desenvolvimento natural, pelo exercício ou pela educação torna-se uma capacidade.

Atenção – Atitude mental direcionada a obter uma compreensão. Fixação do espírito em determinado objetivo.

Autismo – Distúrbio agudo que geralmente se manifesta no final da primeira infância e leva o indivíduo a rejeitar o contato social, além de comprometimentos agudos na expressão linguística e nas relações interpessoais. Estado mental caracterizado por uma concentração mórbida do indivíduo sobre si mesmo.

Avaliação – Coleta sistemática de evidências por meio das quais se determinam mudanças no processo de aprendizagem dos alunos. Sistema de controle de qualidade pelo qual podem ser determinadas, em cada etapa do processo de ensino-aprendizagem, a efetividade ou não do processo e eventuais mudanças para garantir essa efetividade. É também a emissão de um julgamento de valor ou mérito para se saber se o indivíduo preenche um conjunto particular de objetivos educacionais.

Behaviorismo – Corrente da psicologia que estuda o ser humano, tomando por base as manifestações de sua conduta e seu comportamento exterior. Essa escola de pensamento foi criada em 1913 por J. B. Watson. Segundo essa corrente, o objeto da psicologia é exclusivamente limitado aos dados observáveis do comportamento exterior.

Brainstorming – Estratégia para fomentar e desenvolver novas ideias e explorar o potencial de criatividade de estudantes.

Brinquedoteca – Espaço ou recinto onde existem brinquedos que visam atividades de recreação, mas também estímulo à inteligência, atenção, memória e outras funções cognitivas.

Bullying – Vem de *bully*, palavra da língua inglesa que caracteriza o indivíduo "agressivo", "fanfarrão" que sente prazer em maltratar, intimidar e reprimir, e refere-se ao comportamento que na escola assume uma forma de violência caracterizada por atos repetitivos de opressão, agressão ou dominação de alguns estudantes sobre outros.

Calendário escolar – Documento escolar no qual se expressam as datas e atividades curriculares e administrativas previstas por um estabelecimento de ensino para determinado ano letivo.

Ceticismo – Doutrina filosófica que coloca a dúvida como uma atitude racional e defende a ideia de que é impossível chegar sempre a certezas absolutas.

Ciências da cognição – Campo de estudo interdisciplinar que tem como foco a compreensão da mente humana e da inteligência que engloba aspectos da psicologia, filosofia, neurociência, inteligência artificial, antropologia, linguística e neurologia. O principal objetivo desses estudos é explicar como as pessoas desenvolvem diferentes tipos de pensamento.

Classes de aceleração – Grupos de alunos que integram um programa curricular e um projeto de desenvolvimento em tempo menor que o normalmente previsto e que visam colocar os alunos em nível correspondente às expectativas da sua faixa etária.

Condicionamento – Capacidade ou condição que se adquire por treino ou adaptação. Denomina-se "condicionamento operante" o processo de aprendizagem apoiado em "estímulo-resposta" e no comportamento voluntário, que ocorre como resultado de consequências de ações produzidas por um animal ou ser humano. A ideia é que, se uma informação pode ser reforçada e fortalecida e se for seguida de uma consequência agradável, isso aumenta a probabilidade de a ação ocorrer novamente. Conjunto de circunstâncias ou condições em que um fato se realiza ou pode se realizar.

Conhecimento – Ato pelo qual se assimila um novo conceito. Para Vygotsky, o conhecimento antigo e de que o indivíduo dispõe em determinado estado de seu desenvolvimento é transformado em conhecimento novo quando sofre uma mudança de estado. Assim, todo novo conhecimento se organiza a partir de conhecimento já existente. Relação direta que toma de alguma coisa; noção, informação.

Conselho de classe – Atividade que congrega os educadores de determinada turma ou classe para, em reuniões periódicas e sistemáticas, acompanhar o desenvolvimento de cada aluno, confrontando diferentes fontes de observação e experiências significativas sobre o desempenho cognitivo e social dos alunos colhidas pelos educadores em conjunto.

Construtivismo – Corrente educacional que se apoia na convicção de que um novo conhecimento não é ensinado de fora para dentro (do professor para o aluno), mas estimulado a partir de experiências ativamente desenvolvidas pelos alunos, intermediados e desafiados pelo seu professor. Para essa corrente, o conhecimento significativo e transformador em nenhuma instância é dado, pois se constitui a partir da interação do indivíduo e seu simbolismo com o meio físico e social; nesse sentido, a ação do professor é atuar como agente interventor do processo de aprendizagem do aluno.

Currículo – Conjunto de atividades desenvolvidas em uma escola compreendidas no planejamento pedagógico, até mesmo a execução e a avaliação de trabalhos. Sucessão de fatos que marcam cultural e profissionalmente a carreira de uma pessoa.

Descentração – Processo através do qual o indivíduo é capaz de sair de sua perspectiva mental – desviar-se do centro de si mesmo – e levar em consideração o ponto de vista do outro. Fase notória no desenvolvimento infantil, oportunidade em que a criança começa a se libertar de seu egocentrismo.

Determinismo – Conjunto de condições necessárias para que um fenômeno se produza; teoria segundo a qual existem relações necessárias entre fenômenos do universo, de tal maneira que cada fenômeno é rigorosamente condicionado pelos seus antecedentes ou concomitantes, e que, conhecido estes, é possível prever aquele. Doutrina segundo a qual todas as vontades do indivíduo são determinadas por motivos influentes de sua situação consciente ou inconsciente.

Dialética – Etimologicamente, significa a arte de argumentar ou discutir. Sobre a base do conceito desenvolveram-se os "Diálogos de Platão", apoiados na exposição e contra-argumentação dos interlocutores, da qual se extraem dados que os levam à elaboração de novas ideias. Dedução a partir de proposições apenas prováveis.

Didática – Etimologicamente, se refere à parte da pedagogia que cuida de questões relativas ao ensino e aprendizagem. Conjunto de atividades que tem em vista a transmissão de conhecimentos e seus métodos. Ciência auxiliar da pedagogia relativa aos métodos mais apropriados para promover a aquisição de uma noção, teoria, hipótese ou técnica.

Disgrafia – Distúrbio ou disfunção cerebral que implica dificuldade de aprender a escrever e dominar os fundamentos da comunicação não verbal. Impossibilidade de escrever normalmente por tremor, ataxia ou outras disfunções.

Dislexia – Distúrbio de aprendizagem que afeta o domínio da leitura ou abarca dificuldades específicas na interpretação de palavras ou letras. Perturbação patológica do mecanismo da leitura que se efetua com deformações, erros e lacunas.

Edital – Ato oficial escrito e divulgado para conhecimento e de interesse público e por isso afixado em lugares visíveis ou anunciado pela imprensa.

Educação bancária – Expressão popularizada pelo educador brasileiro Paulo Freire e que se referia a procedimentos pedagógicos em que o professor se supõe detentor de todo o conhecimento e, dessa forma, o transmite ao aluno a quem cabe apenas papel passivo de assimilação. É como se o saber representasse os bens de posse dos bancos e que estes os transferem mecanicamente e de forma passiva a seus clientes.

Epistemologia – Uma área das ciências humanas que tem por objetivo levantar hipóteses sobre a forma como se estrutura o pensamento e a maneira como os seres humanos o utilizam. Teoria do conhecimento. Estudo crítico dos princípios, hipóteses e resultados das diversas ciências, com o fim de lhes determinar a origem lógica, seu valor e objetivos.

Estímulos mecânicos e maiêuticos – Qualquer evento ao qual um organismo (humano, animal ou vegetal) responde depois de detectado pelo seu equipamento sensório-motor. Estímulos mecânicos são conjuntos de eventos que desafiam as inteligências e assim as levam à expansão, e estímulos maiêuticos induzem a reflexão e internalização das respostas e, portanto, desenvolvem o sentimento alusivo a emoções e valores.

Estudo dirigido – Estratégia de ensino que visa corrigir e orientar a aprendizagem dos alunos, desenvolvendo hábitos de estudo. É um projeto elaborado por educadores com a finalidade de guiar e estimular o aluno para aprender com significação e autonomia.

Feedback – Informação que notifica o indivíduo sobre o efeito ou resultado de seu comportamento. Um trabalho de controle e autoavaliação no desempenho de atividades de pesquisa e elaboração de dissertações.

Fenótipo – Resultado da interação das características genéticas de um indivíduo e, portanto, herdadas hereditariamente com as desenvolvidas em sua relação com o ambiente. Também a forma através da qual se realiza empiricamente uma entidade linguística abstrata.

Fundeb – Sigla de Fundo de Desenvolvimento do Ensino Básico e Valorização dos Profissionais da Educação. Está em vigor desde 2007. Estabelece regras para o financiamento da educação através de recursos provenientes da arrecadação de impostos.

Habilidade operatória – Aptidões ou capacidades cognitivas ou apreciativas específicas que possibilitam a compreensão e a intervenção da pessoa nos fenômenos sociais e culturais, ajudando-a a construir conexões. Em geral, se expressam por verbos de ação, como medir, enumerar, aplicar, conhecer, relatar, demonstrar, compreender, combinar, debater, criar, avaliar e outras. Qualidade de quem é hábil. Aptidão, talento, engenho.

Habituação – Forma de aprendizagem que implica desligar-se gradativamente de um estímulo não significante que é repetitivamente exercido, como, por exemplo, concentrar-se em uma leitura ou pesquisa, isolando-se de ruídos que provêm do meio ambiente. Também a tolerância do organismo para determinados tóxicos, por efeito de seu uso repetido.

Hiperatividade – Distúrbio de aprendizagem caracterizado por atividade excessiva e, aparentemente, não controlável, com comprometimento da manutenção da atenção e descontrole e agitação corporal.

Hipótese – Ideia não aprovada ou antecipada como uma sugestão ou tentativa de uma explicação plausível. Uma ideia geralmente lógica e consistente derivada de uma teoria específica que contém uma predição passível de ser aprovada ou refutada. Proposição ou conjunto de proposições aceitas como ponto de partida para delas deduzir consequências lógicas.

Ideologia – Conjunto de convicções e convenções filosóficas, religiosas, jurídicas, sociais e políticas relacionadas com a situação social de seus representantes. Sistema mais ou menos coerente de ideias que determinado grupo social apresenta como exigência da razão, mas cujo fundamento se encontra nas aspirações desse grupo social.

Inibição – Supressão de certas manifestações consideradas indesejáveis por determinada orientação educativa. Significa também o processo que diminui a possibilidade de reação de um neurônio ou ainda um processo por meio do qual as apresentações repetidas do estímulo diminuem progressivamente a possibilidade da resposta.

Insight – No processo de aprendizagem, significa uma compreensão súbita e completa da solução de um problema, envolvendo uma reestruturação nas percepções do indivíduo. Algo como uma ideia inesperada que surge para solucionar uma dúvida ou um problema.

Instrução – Parte da educação que cuida especificamente da transmissão de conhecimentos. O mesmo que "conhecimentos adquiridos".

Inteligência – Potencial biopsicológico comum aos seres humanos. A capacidade de resolver problemas ou criar produtos que passam a ser considerados com valor no contexto cultural. Capacidade de compreensão e leitura integral do mundo, habilidade para empregar a capacidade do pensamento e a capacidade de criar-se a si mesma. A capacidade de discernir, separar e escolher entre as diferentes alternativas e se mostrar capaz de tomar uma decisão mais oportuna.

Interacionismo – Situação através da qual se acredita que somente a capacidade intuitiva de imitação é geneticamente dada à mente humana e que todos os demais elementos da cognição podem ser apreendidos por meio de experiências estabelecidas principalmente no convívio social.

Intuição – Apreensão direta de algo ou de uma informação. Pode expressar também a não necessidade de conhecimentos conquistados de outros para domínio completo de uma situação. Percepção direta, imediata e clara de uma verdade, conquista pelo indivíduo sem auxílio do raciocínio.

Jogos operatórios – Estratégias pedagógicas para a apresentação de uma situação-problema temática e caminhos estruturais para a solução, desenvolvidos pelo aluno, geralmente em grupo. Simbolizam uma alternativa experimental para substituir aulas expositivas que forçam a aprendizagem mecânica por outras estratégias de ensino em que a aprendizagem significativa se consolida através de um jogo pedagógico. Jogo de Palavras, Autódromo e Jogo do Telefone são algumas dessas estratégias.

Lei de Diretrizes e Bases – Conjunto de normas e processos que regem a educação brasileira, aprovado em dezembro de 1996, e dispõe sobre os princípios e fins da educação nacional, do direito à educação e do dever de educar, da organização da educação nacional, dos níveis e modalidades de ensino, dos profissionais de educação, recursos financeiros e outras disposições.

Liberalismo – Doutrina filosófica que determina que o indivíduo deve dispor do máximo de oportunidades para a expansão de suas potencialidades. Segundo essa doutrina, convém dar aos cidadãos as melhores garantias contra o arbítrio do governo, separando deste o poder legislativo e o judiciário.

Limítrofe – Especificamente em educação, a palavra se refere a pessoas com desenvolvimento limitado de suas inteligências e outros domínios cognitivos.

Magistério – Profissão, cargo ou autoridade do docente. Conjunto de professores. Também reconhecida autoridade de ordem doutrinal, intelectual ou moral.

Maniqueísmo – Antiga doutrina persa que explicava o mundo fundamentado em apenas dois princípios: o bem e o mal. Em educação, a palavra expressa o radicalismo com que se discutem alguns pontos de vista, colocando-os sempre por uma ótica estritamente positiva ou negativa.

Mapa cognitivo – Representação interna de uma área específica ou geral que forma um plano ou um esquema capaz de guiar um comportamento. A ideia dos mapas cognitivos foi elaborada por Tolman, que demonstrou, por exemplo, que ratos que haviam sido autorizados a explorar labirintos livremente podiam se desenvolver melhor quando reforçados nessa experiência do que os ratos que não haviam passado por ela.

Memória – Termo empregado para designar o armazenamento e posterior recuperação de uma informação. Compreende diferentes campos de investigação que incluem a memória construtiva, memória de curto e longo prazo, memória episódica, memória semântica e outras ligadas ao tato, paladar, olfato e audição. Função geral de conservação de experiência anterior, que se manifesta por hábitos ou por lembranças.

Metalinguagem – Conhecimento da linguagem para explicar como funciona a própria linguagem. Linguagem especialmente utilizada para tratar de temas ou assuntos linguísticos.

Parâmetros curriculares – Proposta do Ministério da Educação com o objetivo de orientar e dar coerência às muitas políticas educacionais até então existentes, visando contribuir para a melhoria da eficiência, atualização e qualidade da educação brasileira. Representava, dessa forma, um referencial para fomentar a reflexão sobre os currículos estaduais e municipais, garantindo a melhoria da qualidade de ensino, informando e socializando pesquisas sobre estratégias e procedimentos e subsidiando a formação de técnicos de educação e professores de maneira geral. Como, infelizmente, acontece sempre na educação brasileira, os PCN tiveram sua implementação desobrigada quando da mudança de linha política na presidência da República do país.

Pedagogia – Etimologicamente, a arte de conduzir crianças. Estudo sistemático das diferentes manifestações do fenômeno educativo.

Percepção – Registro mental consciente de um ato sensorial; função através da qual a mente forma uma representação de objetos exteriores. Tomada de conhecimento sensorial de objetos ou de acontecimentos exteriores. Ação de conhecer independentemente dos sentidos.

Planejamento – Processo que, tomando como referência o conhecimento de uma realidade, define os propósitos de um empreendimento que visa modificar essa realidade, os meios para alcançá-los, e acompanhar e executar as decisões, assim como avaliar os seus resultados.

Política educacional – Princípios gerais que definem a finalidade da formação escolar, no sentido de se determinar o perfil que se almeja ter socialmente. Resultado da interação entre os pressupostos da sociedade, como força organizada, e as expectativas de aperfeiçoamento humano presente em toda a atividade educativa.

Pragmatismo educacional – Filosofia educacional que se propõe habilitar indivíduos a se transformar em eficientes solucionadores de problemas e descobridores de valores úteis, práticos e funcionais. Para essa filosofia, a educação é processo e não produto, centrado no estudante, em seus interesses e necessidades, valorizando as relações democráticas da escola, a flexibilidade e atividades experimentais. Conjunto de regras ou fórmulas que regulam atos e cerimônias oficiais. Teoria segundo a qual a função essencial da inteligência humana não é fazer-nos conhecer as coisas, mas permitir a nossa ação sobre elas.

Professor – O que professa ou ensina uma ciência, técnica ou arte. Pessoa feita perita em qualquer arte ou ciência.

Projeto – Plano que descreve as ações necessárias para a realização de um objetivo e que inclui o período e os recursos essenciais a essa execução. Em educação, uma linha metodológica para promover a aprendizagem com a participação protagonística dos alunos, visando o domínio de conhecimentos específicos.

Puericultura – Técnica destinada a assegurar a plenitude do desenvolvimento físico, mental, moral e emocional das crianças, desde o nascimento até a puberdade. Também um ramo da medicina que ensina a desenvolver moral e fisicamente as crianças.

QI – Quociente intelectual. Um escore planejado por Alfred Binet para expressar a relação entre a idade mental da criança e sua idade cronológica. É obtido dividindo-se a idade mental – obtida através de vários testes – pela idade cronológica e depois se multiplicando o resultado por 100. Muito utilizado décadas atrás, hoje esse referencial perdeu atualidade diante de diagnósticos educacionais bem mais expressivos e abrangentes.

Reciclagem – Termo empregado para designar atividades tendentes à atualização dos conhecimentos, técnicas e habilidades das pessoas em determinadas áreas do conhecimento. Atualização pedagógica, cultural, administrativa ou científica.

Recuperação – Atendimento docente a alunos com deficiências no processo de aprendizagem e que tem a finalidade de levá-los a níveis mais avançados de aproveitamento escolar.

Retórica – Conjunto de regras para falar com clareza e eloquência. Algumas vezes, o termo é empregado para expressar estilo de comunicação abundante em palavras, mas pobre em ideias significativas.

Sensação – Qualquer fato ou evento que é alcançado pelo indivíduo através dos sentidos, como o som, experiências visuais, olfato, tato, paladar e outros.

Sensibilização – Atividades grupais desenvolvidas com a finalidade de aguçar os sentidos, mas que envolvem também ideias de empatia, comunicação interpessoal e relações com outras pessoas. Grupo de estratégias para despertar nos alunos suas competências sociais. Ato ou efeito de sensibilizar ou impressionar.

Silogismo – Argumentos que consistem na apresentação de três proposições na seguinte ordem: premissa maior, premissa menor e conclusão, de tal forma que, admitidas as premissas, a conclusão se infere da premissa maior por intermédio da premissa menor. Exemplo: todo homem é mamífero; Paulo é homem; conclusão: Paulo é mamífero.

Síndrome de Down – Uma "síndrome" caracteriza um conjunto bem determinado de sintomas. A síndrome de Down é uma desordem congênita em que o indivíduo apresenta um cromossomo extra que origina uma série de características fisiológicas distintas, quase sempre acompanhadas do retardo em algumas atividades e dificuldade na linguagem.

Sociograma – Diagrama utilizado para identificar pessoas aceitas ou rejeitadas, e em qual grau, pelo grupo a que pertencem, ou para identificar a presença de subgrupos dentro de grupos mais amplos. Importante para a realização de trabalho com grupos de alunos com frequência.

Supletivo – Modalidade de ensino usada no Brasil que tem como finalidade suprir a escolarização regular de jovens e adultos que não a tenham seguido em idade própria e proporcionar estudos de aperfeiçoamento ou atualização do ensino regular para quem não o tenha seguido em seu próprio país.

Taxionomia – Parte da sistemática que, considerando a semelhança e a dessemelhança de caracteres, agrupa seres ou palavras, constituindo categorias sistemáticas ou taxinômicas. Uma proposta educacional que supõe a aprendizagem, desenvolvendo-se em três domínios: o psicomotor, o afetivo e o cognitivo, apresentando diferentes características relativas ao conhecimento, capacidade e aptidões intelectuais.

Unesco – Sigla da Organização das Nações Unidas para a Educação, a Ciência e a Cultura.

Utopia – Sonho ou projeto ideal, de difícil ou impossível realização total. O termo deriva de um país imaginário em que tudo se encontrava organizado da melhor forma, em uma criação poética idealizada pelo escritor inglês Thomas Morus.

Valores – Opiniões ou crenças que determinam o modo como se definem as relações das pessoas consigo mesmo, com outras pessoas ou objetos. Qualidade essencial de um bem ou serviço que o tornam apropriado aos que o utilizam ou possuem. O mesmo que "mérito" ou "préstimo".

Vandalismo – Ato proposital da destruição de bens materiais que possuem valor, serventia, tradição ou beleza. Ação de uma ou mais pessoas que, por maldade ou ignorância, destroem o que é científico, artístico ou agradável.

Wechsler – Sistema de avaliação da inteligência humana usado para crianças, geralmente de 3 a 6 anos, e composto de subtestes que exploram a capacidade verbal, lógico-matemática, espacial e motora.

Zona de desenvolvimento proximal – Para Lev Vygotsky, representa a distância entre o nível de desenvolvimento atual de um aluno, determinado pela capacidade de resolver um problema de forma independente, e o nível de desenvolvimento determinado pela capacidade desse mesmo aluno de resolver o problema orientado pelo mediador ou colaborador mais capaz. Segundo especialistas, nesse autor, o conceito de zona de desenvolvimento proximal foi estruturado por seu idealizador em três contextos diferentes: (1) a comparação observada na mesma criança quando desempenha uma tarefa específica sozinha ou quando a desempenha assistida; (2) a comparação observada na mesma criança quando desempenha um conjunto de tarefas sozinha ou quando a desempenha assistida; e (3) a comparação quando a criança se esforça para realizar uma atividade física acima de seu nível habitual de comportamento.

» PUBLICAÇÕES DO AUTOR

Livros paradidáticos de ciências sociais para estudantes de 12 a 15 anos

Jacarés, quem diria? Nas águas do Tietê. São Paulo: Scipione, 1996.

Momentos de decisão (coautoria). São Paulo: Scipione, 1997.

Não acredito em branco (coautoria). São Paulo: Scipione, 1996.

Aprendendo com mapas – Alfabetização Cartográfica. Obra em oito volumes para o Ensino Fundamental. São Paulo: Scipione, 1997 (Esgotado e não reeditado).

O estranho mundo dos Higeus. Em (coautoria). São Paulo: Scipione, 1999.

O enigma da cidade perdida. (coautoria com Telma Guimarães). São Paulo: Editora do Brasil, 2011.

Livros para estudantes de 12 a 15 anos

A grande jogada. Manual construtivista sobre como estudar. Petrópolis: Vozes, 1997. Guia para estudantes construírem processos e esquemas de aprendizagem, preparação de pesquisas, leitura e interpretação de textos, formas de trabalhar a memória, atenção e autoestima.

A inteligência emocional na construção do novo eu. Petrópolis: Vozes, 1997. Uma abordagem inteiramente estruturada na forma de diálogo, explicando o que atualmente as ciências da cognição pesquisam sobre temperamento, caráter, autoestima e inteligências múltiplas. Obra traduzida para o espanhol e publicada em Barcelona pela Editora Gedisa.

Livros para o desenvolvimento de estratégias de educação dos filhos

A construção do afeto. São Paulo: Augustus, 1999. Linhas procedimentais e estratégias para que os pais possam estimular de forma consistente e significativa as diferentes potencialidades das inteligências, da vida intrauterina até os doze anos de idade.

A teoria das inteligências libertadoras. Petrópolis: Vozes, 2000. Abordagem sobre novas pesquisas em neuropedagogia e proposta de intervenção de pais e de educadores para estímulos diferenciados em crianças de até doze anos de idade. Obra traduzida para o espanhol e publicada em Barcelona pela Editora Gedisa.

A alfabetização moral em sala de aula e em casa, do nascimento aos 12 anos. Fascículo 6 – Coleção Sala de Aula. Petrópolis: Vozes, 2001. Como o título sugere, esse fascículo discute as ideias de Piaget sobre a educabilidade moral e propõe linhas procedimentais e estímulos para que pais e professores propiciem um melhor crescimento emocional da criança.

Jogos para o bem falar: Homo Sapiens, Homo Loquens. Campinas: Papirus, 2003.

Guia para a estimulação do cérebro infantil – Do nascimento aos três anos. Petrópolis: Vozes, 2009.

Livros pedagógicos para estudantes (licenturas e pedagogia) e professores da Educação Infantil, Ensino Fundamental e Médio

As inteligências múltiplas e seus estímulos. Campinas: Papirus, 1998.

O mundo em suas mãos. Mini atlas. São Paulo: Scipione, 1998. (Esgotado)

Atlas geográfico escolar. São Paulo: Scipione, 1998.

A dimensão de uma mudança. Campinas: Papirus, 1999.

Alfabetização emocional: Novas estratégias. Petrópolis: Vozes, 1999.

Jogos para a estimulação das múltiplas inteligências. Petrópolis: Vozes, 1999.

As inteligências múltiplas. São Paulo: Salesiana, 2001.

A sala de aula de geografia e história. Campinas: Papirus, 2001.

A atividade lúdica e a empresa / O jogo e o brinquedo na escola / Alfabetização emocional: ciência ou mistificação. Parte da obra *Brinquedoteca – A criança, o adulto, o lúdico.* Petrópolis: Vozes, 2001.

Trabalhando habilidades, construindo ideias. Coleção Pensamento e Ação no Magistério. São Paulo: Scipione, 2001.

Glossário para educadores(as). São Paulo. Petrópolis: Vozes. 2002.

Novas maneiras de ensinar. Novas formas de aprender. Porto Alegre: Artmed, 2002.

Educação: 40 lições da sala de aula. Curitiba: Positivo, 2004.

Educação infantil – Prioridade imprescindível. Petrópolis: Vozes, 2005.

Aprendendo o que jamais se ensina – O que é? Como? Fortaleza: Livro Técnico, 2005.

A linguagem do afeto – Como ensinar virtudes e transmitir valores. Campinas: Papirus, 2005.

A arte de comunicar. Petrópolis: Vozes, 2005.

O cérebro e a educação. Florianópolis: CEITEC, 2005.

Auto estima e seu desenvolvimento em crianças de até seis anos de idade. Florianópolis: CEITEC, 2005.

O que mais me perguntam sobre educação infantil (do nascimento até os seis anos). Florianópolis: CEITEC, 2005.

Bilhete ao pai. Petrópolis: Vozes, 2005.

Diário de um educador. Campinas: Editora Papirus, 2007.

Professores e professáuros. Petrópolis: Vozes, 2007.

Pais e educadores estimulando inteligências para o amanhã. Fortaleza: IMEPH, 2008.

Guia para a estimulação do cérebro infantil – Do nascimento aos três anos. Petrópolis: Vozes, 2010.

Se eu fosse você... Curitiba: Melo, 2011.

Quanto vale um professor? Reais ou imaginários, alguns imprescindíveis, outros nem tanto. Petrópolis: Vozes, 2011.

O aluno, o professor, a escola: Uma conversa sobre educação. (coautoria com Rubem Alves). Campinas: Papirus, 2011.

Projetos e práticas pedagógicas na educação infantil. Petrópolis: Vozes, 2012.

Trabalhando com o mundo físico e social. São Paulo: Saraiva, 2012.

O estímulo da inteligência no lar. São Paulo: Paulus, 2012.

Uma escola mentirosa. São Paulo: Paulus, 2012

Geografia para a educação de jovens e adultos. Petrópolis: Vozes, 2012.

Interações, brincadeiras e valores na educação infantil. Petrópolis: Vozes, 2012.

Geografia e as inteligências múltiplas em sala de aula. Campinas: Papirus, 2012.

Trabalhando a alfabetização emocional com qualidade. São Paulo: Paulus, 2012.

(In)Disciplina – (Des)Motivação. São Paulo: Paulus, 2012.

Histórias mínimas: Um projeto para trabalhar a interdisciplinaridade. Campinas: Papirus, 2012.

O uso inteligente dos livros didáticos e paradidáticos. São Paulo: Paulus, 2012.

O cotidiano escolar através de casos. Petrópolis: Vozes, 2013.

Estímulo da inteligência infantil – Na escola e no lar. São Paulo: Paulus, 2014.

Escola mentirosa: sucesso ou estagnação. São Paulo: Paulus, 2014.

Interações, brincadeiras e valores na educação infantil. Petrópolis: Vozes, 2014

9 passos para uma escola pública de excelente qualidade. Petrópolis: Vozes, 2014.

Primeiros degraus. São Paulo: Loyola, 2014.

Coleção Como Bem Ensinar (Petrópolis: Vozes, 2010)
(coordenação e supervisão geral)

Arte e didática

Ciências e didática

Educação física e didática

Geografia e didática

Língua estrangeira e didática

Língua portuguesa e didática

Matemática e didática

Coleção Na Sala de Aula (Petrópolis: Vozes, 2001)

O que é o projeto 12 dias/12 minutos. Fascículo 1.
Como transformar informações em conhecimento. Fascículo 2.
Como desenvolver conteúdos explorando as inteligências múltiplas. Fascículo 3.
Como identificar em você e em seus alunos as inteligências múltiplas. Fascículo 4.
O lado direito do cérebro e sua exploração em sala de aula. Fascículo 5.
A alfabetização moral em sala de aula e em casa, do nascimento aos 12 anos. Fascículo 6.
Um método para o ensino fundamental: O orojeto. Fascículo 7.
Como desenvolver as competências em sala de aula. Fascículo 8.

Coleção Na Sala de Aula (Petrópolis: Vozes, 2002)

A memória. Fascículo 9.
Professor bonzinho = Aluno difícil. Disciplina e indisciplina em sala de aula. Fascículo 10.
A avaliação da aprendizagem escolar. Fascículo 11.
Vygotsky, quem diria?! Em minha sala de aula. Fascículo 12.

Coleção Na Sala de Aula (Petrópolis: Vozes, 2003)

Resiliência – A construção de uma nova pedagogia para uma escola pública de qualidade. Fascículo 13.
A criatividade na sala de aula. Fascículo 14.
O jogo e a educação infantil. Fascículo 15.
Relações pessoais e autoestima. Fascículo 16.

Coleção Na Sala de Aula (Petrópolis: Vozes, 2010)

A prática dos quatro pilares da educação na sala de aula. Fascículo 17.
A criança – Recados e cuidados. Fascículo 18.

Coleção Na Sala de Aula (Petrópolis: Vozes, 2011)

A atenção: saldo ou déficit. Fascículo 19.
Bom filho, ótimo aluno. Fascículo 20.

Vídeo-aula e livros (São Paulo: Ciranda Cultural, 2008)

Como desenvolver Projetos.
Como fomentar amizades em sala de aula.
Os jogos e a educação infantil.
Uma oficina de pensamentos e criatividade.
Inclusão. O nascer de uma nova pedagogia.

Escola = Escola de qualidade.

Inteligências e competências.

Piaget, Vygotsky, Paulo Freire e Maria Montessori em minha sala de aula.

A arte de Educar. Uma conversa com pais e educadores. São Paulo: Universidade Falada, 2012.

Livros com crônicas, artigos e ensaios sobre temas que envolvem o cotidiano escolar, a relação entre professores e alunos, estímulos, estratégias de aula, motivação, memória, atenção e autoestima

Marinheiros e professores. Petrópolis: Vozes, 1998.

Marinheiros e professores II – Diálogos surrealistas. Petrópolis: Vozes, 2002.

Antiguidades modernas – Crônicas do cotidiano escolar. Porto Alegre: Artmed, 2003.

Casos, fábulas, anedotas ou inteligências, capacidades, competências. Petrópolis: Vozes, 2003.

Viagens ao redor de uma sala de aula. Fortaleza, Livro Técnico: 2005.

A prática de novos saberes. Fortaleza: Livro Técnico, 2005.

Ser professor hoje. Fortaleza: Livro Técnico, 2005.

Obras pedagógicas com perguntas e respostas

O que mais me perguntam sobre... Indisciplina e violência. Florianópolis: CEITEC, 2003.

O que mais me perguntam sobre... Inteligências múltiplas. Florianópolis: CEITEC, 2003.

O que mais me perguntam sobre... Cibercultura e hiperespaço. O computador na Sala de Aula. Florianópolis: CEITEC, 2003.

Obra sobre problemas específicos de aprendizagem

Miopia da atenção – problemas de atenção e hiperatividade em sala de aula. São Paulo: Salesiana, 2001.

VHSs e CDs gravados e comercializados

(Produzidos e distribuídos por ATTA Mídia e Educação)

Autoestima na educação.

Práticas em inteligências múltiplas. Volume I.

Práticas em inteligências múltiplas. Volume II.

Capacidades, habilidades e competências.

10 histórias exemplares.

Disciplina e indisciplina na escola.

Organizando o estudo e o aprendizado.

Memória e criatividade na educação.

Novas situações de aprendizagem.
Inclusão e pluralidade.
Como ensinar valores.
Marinheiros e professores.

Entrevista concedida a Amélia Albuquerque
(IMEPH. Instituto Meta de Educação. Fortaleza)
A prática de novos saberes.
Ser professor hoje.

Obras traduzidas para outros idiomas

Técnicas Pedagógicas de la Dinámica de Grupo. Buenos Aires: Editorial Kapelusz, 1975.

Manual de técnicas de dinámica de grupo. Ludopedagógicas e de Sensibilizacion. Buenos Aires: Lumen.

Estimular las inteligências múltiples – Qué son, cómo se manifestan, cómo funcionan. Madri: Narcea.

La teoria de las inteligencias libertadoras. Barcelona: Gedisa Editorial, 2001.

El desarrollo de la personalidad y la inteligência emocional – diálogos que ayudan a crecer. Barcelona: Gedisa Editorial, 2001.

Qué es el proyecto 12 dias / 12 minutos. Colección En el aula 1. Buenos Aires: San Benito, 2003.

Como transformar información en conocimiento? Colección En el aula 1. Buenos Aires: San Benito, 2003.

Como desarrollar contenidos aplicando das Inteligencias multiples?. Colección En el aula 1. Buenos Aires: San Benito, 2003.

Como identificar em usted y em sus alumnos las inteligencias multiples? Colección En el aula 1. Buenos Aires: San Benito, 2003.

Las inteligencias múltiples: como estimularlas y desarrollarlas.

El gran juego. Buenos Aires: San Benito.

Educar en las emociones. Buenos Aires: San Benito.

Metáforas para aprender a pensar. México: Editorial Nueva Palavra.

Trabalhando valores e atitudes nas séries iniciais. México: Ediciones Dabar, 2010.

A criança: recados e cuidados. México: Ediciones Nueva Palabra, 2012.

Guia da estimulação do cérebro infantil. Narcea Ediciones, 2012.

Como educar con valores y actitudes. México: Ediciones Dabar, 2012.

Niños sanos y felices. México: Palabra Ediciones, 2013.

» INDICAÇÕES DE LEITURA

AMARILHA, Marly. *Estão Mortas as Fadas*. Petrópolis: Vozes, 1997.

AMEN, Daniel. G. *Transforme seu cérebro, transforme sua vida*. São Paulo: Mercuryo, 2000.

ARMSTRONG, T. *Inteligências múltiplas em sala de aula*. 2ª ed. Porto Alegre: Artmed, 2001.

BERGE, A. *A liberdade na educação*. 2ª ed. Rio de Janeiro: Agir, 1964.

BIRD / BANCO MUNDIAL / PREAL. *Material da Conferência Internacional sobre Papel e Característica da Profissão de Professor na América Latina*. Costa Rica, 1999.

BRZEZINNSKI, Iria. *Pedagogia, pedagogos e formação de professores: busca e movimento*. 3ª ed. Campinas: Papirus, 2000.

BODEN, Margareth. *Dimensões da criatividade*. Porto Alegre: Artmed, 1998.

BONO, Edward de. *O pensamento lateral*. 2ª ed. Rio de Janeiro: Record/Nova Era, 1967.

BRUNER, J. *Uma nova teoria da aprendizagem*. Rio de Janeiro: Bloch, 1969.

DEUTSCH, Georg; SPRINGER, Sally P. *Cérebro direito*. 2ª ed. São Paulo: Summus, 1998.

CAMPS, Victória. *O que se deve ensinar aos filhos*. São Paulo: Martins Fontes, 2003.

CANÁRIO, Rui. *Escola: O lugar onde os professores aprendem*. Psicologia da Educação, nº 6, 1998.

CALVIN, W. H. *Como o cérebro pensa*. Rio de Janeiro: Rocco/Ciência Atual, 1998.

CAMPBELL, L.; CAMPBELL, B.; DICKINSON, D. *Ensino e aprendizagem por meio das inteligências múltiplas*. 2ª ed. Porto Alegre: Artmed, 2002.

CHARLOT, Bernard. *Da relação com o saber: elementos para uma teoria*. Porto Alegre: Artmed, 2000.

CHOMSKY, N. *A linguagem e a mente*. Brasília: Editora UnB, 1998.

DAMÁSIO, A. *O erro de Descartes*. 3ª reimp. São Paulo: Companhia das Letras, 1998.

—. *Ao encontro de Espinosa*. Portugal: Publicações Europa-América, 2003.

DELORS, Jacques. *Educação: um tesouro a descobrir. Relatório para a UNESCO da Comissão Internacional sobre Educação para o Século XXI*. São Paulo: Cortez, 1998.

DEMO, Pedro. *Desafios modernos da educação*. Petrópolis: Vozes, 2000.

DIAMOND, M.; HOPSON, J. *Árvores maravilhosas da mente*. Rio de Janeiro: Campus, 2000.

FONSECA, V. *Pais e filhos em interação. Aprendizagem mediatizada no contexto familiar*. São Paulo: Salesiana, 2002.

FROMM, Erick. *O medo à liberdade*. 5ª ed. Rio de Janeiro: Zahar, 1967.

GARDNER, H. (1999). *Arte, mente e cérebro – Uma abordagem cognitiva da aprendizagem*. Porto Alegre: Artmed, 1999.

—. *Inteligência: um conceito reformulado*. São Paulo: Objetiva, 2000.

—. *A nova ciência da mente*. São Paulo: Edusp, 1995.

—. *Estruturas da mente. A Teoria das Inteligências Múltiplas*. Porto Alegre: Artmed, 1994.

GREENSPAN, S. I. *A evolução da mente*. Rio de Janeiro: Record, 1999.

HERCULANO-HOUZEL, S. *O cérebro em transformação*. Rio de Janeiro: Objetiva, 2005.

—. *Cómo aprenden los que ensinan*. Buenos Aires: Aique Grupo Editor, 1996.

LeDOUX, J. *O cérebro emocional*. Rio de Janeiro: Objetiva, 1998.

LIMA, L. de O. *Para que servem as escolas?* Petrópolis: Vozes, 1995.

MACEDO, L. *Ensaios pedagógicos*. Porto Alegre: Artmed, 2005.

MATURANA, H.; VARELA, F. *A árvore do conhecimento*. São Paulo: Editorial PSY II, 1995.

MARINA, J. A. *Ética para náufragos*. Lisboa: Portugal Editorial Anagrama, 1996.

MECACCI, L. *Conhecendo o cérebro*. São Paulo: Nobel, 1987.

MELLO, G. N. de. *Educação escolar brasileira – O que trouxemos do Século XX*. Porto Alegre: Artmed, 2004.

MORIN, E. *Os sete saberes necessários à educação do futuro*. São Paulo/Brasília: Cortez, 2000.

NASH, P. *Autoridade e liberdade na educação*. Rio de Janeiro: Bloch, 1968.

NÓVOA, A. (org.). *Vida de professores*. Porto: Porto Editora, 2000.

PERRENOUD, P. *Ensinar: agir na urgência, decidir na incerteza*. Porto Alegre: Artmed, 2001.

PIAGET, J. *O nascimento da inteligência da criança*. Rio de Janeiro: Zahar, 1975.

PINKER, S. *Como a mente funciona*. São Paulo: Companhia das Letras, 1998.

—. *Tabula rasa*. São Paulo: Companhia das Letras, 2004.

RATEY, J. J. *O cérebro – Um guia para o usuário*. Rio de Janeiro: Objetiva, 2002.

SILVA, V. B. M. (consultoria, supervisão técnica e revisão). *Pedagogias do século XX*. Porto Alegre: Artmed, 2003.

SMITH, C.; STRICK, L. *Dificuldade de aprendizagem de A a Z. – Um guia completo para pais e educadores*. Porto Alegre: Artmed, 2001.

YUS, R. *Educação integral – Uma educação holística para o século XXI*. Porto Alegre: Artmed, 2002.

VYGOTSKY, L. S. *Pensamento e linguagem*. São Paulo: Martins Fontes, 1984.

ZEICHNER, K. M. *A formação reflexiva de professores: ideias e práticas*. Lisboa: Educa, 1993.

Coleção Introduções

- *Introdução à educação*, Celso Antunes
- *Introdução à ética teológica*, VV.AA.
- *Introdução à sociologia: Marx, Durkheim e Weber – referências fundamentais*, Maura Veras
- *Introdução à teologia fundamental*, João Batista Libanio
- *Introdução à semiótica*, Lucia Santaella; Winfried Nöth